ESSAI

SUR LA

CONDITION DE LA FEMME

AU SIAM

THÈSE

POUR LE DOCTORAT ÈS SCIENCES JURIDIQUES

Soutenue le 22 Juillet 1922

PAR

Louis DUPLATRE

Lauréat de la Faculté.

LYON

SOCIÉTÉ ANONYME DE L'IMPRIMERIE A. REY

IMPRIMEUR DE L'UNIVERSITÉ

4, RUE GENTIL, 4

1922

THÈSE

DOCTORAT ÈS SCIENCES JURIDIQUES

UNIVERSITÉ DE GRENOBLE. — FACULTÉ DE DROIT

MM. BALLEYDIER, ✶, ☒ L., doyen, professeur de Droit civil.
FOURNIER, O. ✶, ☒ L., membre de l'Institut, professeur à la Faculté de Droit de Paris, doyen honoraire.
CHON, ✶, ☒ L., professeur de Droit criminel.
BRUGUD, ✶, ☒, ☒ L., assesseur du doyen, professeur d'Économie politique.
PORET, ✶, ☒ L., professeur d'Économie politique.
BOUGUR, ✶, ☒, ☒ L., professeur de Droit civil.
ROUAST, ☒, ☒ A., professeur de Droit civil.
ESCARRA, ☒, ☒ A., professeur de Droit commercial.
GUYOT, ✶, ☒, professeur de Procédure civile.
PÉRY, ☒, professeur de Droit administratif.
GUÉTAT, ✶, ☒ L., professeur honoraire.
BOSVIEUX, ☒ L., professeur à la Faculté de Droit de Lyon, chargé de cours de Droit public.
NOVEL, ☒ L., chargé de cours de Droit commercial.
ANDT, chargé de cours d'Histoire de Droit.
BURÉ, ✶, chargé de cours de Droit constitutionnel.
CHAVANON, ☒ L., secrétaire.

JURY DE LA THÈSE

Président . . . . M. BALLEYDIER.

Suffragants . . . MM. ROUAST.
ANDT.

UNIVERSITÉ DE GRENOBLE. — FACULTÉ DE DROIT

ESSAI

SUR LA

CONDITION DE LA FEMME

AU SIAM

THÈSE

POUR LE DOCTORAT ÈS SCIENCES JURIDIQUES

Soutenue le 22 Juillet 1922

PAR

Louis DUPLATRE

Lauréat de la Faculté.

1ᵉʳ Prix de Droit Romain. — 1ᵉʳ Prix de Droit Administratif.

1ᵉʳ Prix de Droit Civil. — 1ᵉʳ Prix de Droit International Privé.

LYON

SOCIÉTÉ ANONYME DE L'IMPRIMERIE A. REY

IMPRIMEUR DE L'UNIVERSITÉ

3, RUE GENTIL, 4

1922

A MA FEMME

CONDITION DE LA FEMME
AU SIAM

INTRODUCTION

Il est banal de constater combien le conflit qui a mis
aux prises la plupart des nations du monde a été favorable à la femme. Certes, le mouvement d'opinion qui
lui a permis de réaliser au moins quelques-unes de ses
aspirations est antérieur à la période 1914-1918, mais
il n'en est pas moins certain que les services éminents
rendus par les femmes au cours de la guerre et aussi la
pénurie d'hommes qui en est résultée, ont été les
causes principales qui ont assuré aux revendications
féminines leur succès.

Ces revendications étaient nombreuses, multiples
dans leur objet, et de nature très diverses. Toutes n'ont
pas eu satisfaction, au moins chez nous, où la condition civile de la femme n'a guère changé depuis la promulgation de la loi sur le libre salaire de la femme
mariée; des professions nouvelles ont été ouvertes, il
est vrai, à l'activité féminine, mais en matière politique il n'y a eu aucun résultat positif à enregistrer. A

l'étranger, la femme a réalisé des conquêtes beaucoup plus considérables : le droit d'électorat et celui d'éligibilité ont été reconnus aux femmes par beaucoup de législations, et les États-Unis d'Amérique, comme la Grande-Bretagne, leur ont accordé la prérogative, jusqu'ici masculine, de siéger à côté des hommes dans les jurys criminels.

Pendant que l'Europe bouleversait ainsi les assises du statut féminin, que faisait l'Asie? N'était-elle pas atteinte par la contagion de l'exemple, et n'allait-elle pas essayer de regagner le temps perdu en accordant aux femmes, au point de vue civil au moins, des droits égaux à ceux que possèdent leurs sœurs d'Occident? De grandes réformes législatives se préparent, en effet, dans tous les pays libres d'Orient : Siam, Chine, Perse, et il n'est pas douteux qu'ils ne fassent dans cet ordre d'idées des réformes profondes.

Tout un état de choses intéressant pour celui qui aime à suivre l'évolution sociale de chaque peuple, tend à disparaître. Le moment est donc propice pour glaner les particularités juridiques qui subsistent encore. Les rapports fréquents entre les peuples, engendrés par la facilité des communications, la diffusion de la culture européenne et américaine, le désir d'*européanisation* qui anime tous les peuples orientaux, vont inévitablement effacer ces particularités si intéressantes pour le sociologue.

Sans doute, nous le savons bien, le droit de famille est, plus que le droit des obligations, fermé aux influences extérieures; cependant on ne saurait nier qu'il résiste mal à la poussée des idées occidentales et que de

nombreuses lézardes le mettent en danger. Pierre à
pierre. par désuétude, les textes dont les mœurs nouvelles ne permettent plus l'application. tombent
déjà.

Mais que sera le droit nouveau? Sera-t-il une imita-
tion du droit anglo-saxon ou du droit continental? Non.
il gardera des caractères propres. Comment pourrait-
on en douter, quand les nations européennes n'arri-
vent que difficilement à accorder leurs législations
commerciales sur des points limités, quand les conventions de la Haye sur le mariage et le divorce, si em-
preintes qu'elles fussent de l'esprit de transaction, ont
dû être dénoncées. Les législations orientales, dont le
droit familial est tout pénétré de traditions, devront
donc se modifier selon la propre loi de leur évolution.
Une seule chose est certaine, c'est que, dès maintenant,
tous ces peuples sentent le besoin d'un changement
législatif favorable à la femme et ils sauront, soyons
en sûrs, trouver les moyens de le réaliser.

Toutes ces considérations justifient amplement, nous
semble-t-il, notre dessein de décrire la situation actuelle de la femme au Siam. Notre étude s'appuiera sur
les dispositions législatives et aussi sur les décisions
jurisprudentielles importantes, sans omettre non plus
les opinions doctrinales dignes d'intérêt.

Quelque opportunes que puissent être les améliorations législatives du sort de la femme. il convient de
noter que, dans l'état actuel du droit, la femme n'est
pas dans une situation malheureuse. L'examen de
textes, même anciens, nous montre que jamais le Siam
n'a suivi dans leurs mœurs outrées, ni l'Inde ni la

Chine[1]. La loi siamoise, il est vrai, admet la polyga-
gamie, mais celle-ci n'est pratiquée que par une mino-
rité infime ; bien qu'il n'existe aucune statistique en
cette matière, on peut affirmer que les ménages mo-
nogames constituent la grande majorité. D'ailleurs,
l'augmentation des besoins et la cherté de la vie qui
en résulte, tendent fatalement à limiter le nombre des
unions polygames, et en attendant que la polygamie
soit exclue de la législation, ce qui demandera sans
doute une très longue période de temps, le jeu des
lois économiques ne peut qu'en restreindre le développement.

D'ailleurs, et ceci ne peut que nous confirmer dans
l'espoir d'une évolution vers la monogamie, la polygamie a suivi, aux Indes et dans les pays voisins, la
fortune de la religion islamique. Le bouddhisme, religion du Siam[2], au contraire, est franchement favorable
à la monogamie et un arrêt récent de la Cour supérieure de la Basse Birmanie, proclamait que, si la polygamie en pays bouddhiste est tolérée, elle n'en est pas
moins, du point de vue religieux, regardée avec défa-
veur. Il affirmait que le mari ne saurait prendre une
seconde femme sans le consentement de la femme
préalablement épousée, et que s'il transgressait la

<hr>

[1] Cf. dans Letourneau, *Condition de la femme*, les chapitres x
et xi sur la femme en Chine et xvi sur la femme dans les Indes.

[2] Letourneau note que le bouddhisme, en progrès sur le
brahmanisme, a donné aux femmes le même idéal religieux
qu'aux hommes, le Nirvâna leur est accessible. Elles peuvent
entrer dans les ordres religieux cf. *la Condition de la femme*,
p. 103).

volonté de celle-ci, elle avait le droit d'obtenir le divorce dans les mêmes conditions de partage des biens que s'il s'agissait d'un divorce par consentement mutuel.

L'existence de la polygamie n'entraîne pas, d'autre part, pour la femme toutes les conséquences fâcheuses que l'on pourrait imaginer, et il sera sans doute piquant de constater que sur bien des points la femme siamoise jouit d'une situation peut-être meilleure que celle de la femme française.

Telle qu'elle est, la législation siamoise [1] concernant la femme, n'est point une loi d'asservissement: en conservant à la femme un traitement digne, elle mérite d'être considérée comme marquée au coin d'une véritable civilisation.

Nous puiserons pour cette étude dans des lois siamoises diverses. L'inexistence présente de codes fait que notre matière se trouve dispersée dans plusieurs textes législatifs. La *Laxana Poua Mia* [2] ou Loi sur le Mari et la Femme nous fournira nos plus fréquentes références, nous ferons appel aussi à la *Laxana Moradok* ou Loi sur l'Héritage, à la *Laxana Lak Pa* ou Loi sur les Enlèvements, à la *Laxana Kou Ni* ou Loi sur les Dettes. Il n'existe de ces lois aucune traduction

---

[1] La législation siamoise se compose de la loi écrite et aussi de la coutume qui a une importance particulière dans le droit de famille.

[2] Nous n'avons pas adopté un des modes de transcription scientifique usuelle des mots siamois. Etant donné le nombre restreint de mots employés par nous, nous avons préféré user d'une transcription purement phonétique à l'usage du lecteur français.

française, et c'est aux textes siamois, à la très remarquable compilation qui en a été faite par un ancien ministre de la justice, le prince Rabi, livre qui est entre les mains de tous les juristes et dont l'usage est général dans les tribunaux, que nous aurons recours pour nos citations. Le lecteur français peut cependant se faire une idée approximative de la législation siamoise en consultant le premier volume des *Codes Cambodgiens* publiés chez Leroux, par Leclère en 1898, plus spécialement le Code privé : les Personnes, titre I, II et III; les Biens, titres I. Il est très vraisemblable, en effet, que la législation cambodgienne a subi très fortement l'influence siamoise[1] : les deux lois cependant ont eu, par le travail de l'interprétation, des sorts différents. La loi siamoise notamment a été complétée et élargie par la jurisprudence, dont le rôle, conçu à la manière anglaise, a été considérable.

Nous laissons à chaque texte ses initiales siamoises, et nos références doivent être lues de la façon suivante :

P. M. : *Laxana Poua Mia*, Loi sur le Mari et la Femme.

M. : *Laxana Moradok*, Loi sur l'Héritage.

[1] La question est discutée et on a soutenu, au contraire, que le législateur siamois s'était inspiré des lois cambodgiennes; notre opinion, cependant, nous paraît fondée, elle s'appuie sur des arguments linguistiques. La traduction de Leclère est en effet toute émaillée de mots siamois : comment prétendre, alors, que les Cambodgiens, s'ils sont des législateurs originaux, aient emprunté un si grand nombre de mots à une langue étrangère et n'aient pas tiré de leur propre fonds linguistique les expressions dont ils avaient besoin?

L. P. : *Laxana Lak Pa*. Loi sur les Enlèvements.

K. N. : *Laxana Kou Ni*. Loi sur les Dettes.

Le mot *Dika*[1] signifie Cour Suprème d'appel du Siam. c'est sa jurisprudence que nous citerons.

Nous nous inspirerons aussi, le cas échéant. des ouvrages qui ont été publiés par des auteurs siamois tant sur la *Laxana Poua Mia* que sur la *Laxana Moradok*[2].

---

[1] La *Dika* ou Cour suprème d'appel du Siam est placée au sommet de la hiérarchie judiciaire. Elle fonctionne comme Cour d'appel dans toutes les affaires purement siamoises. c'est-à-dire dans laquelle les parties ont la nationalité siamoise. Le traité français de 1907 et le traité anglais de 1909 ont modifié son rôle dans les affaires intéressant les sujets français asiatiques et les sujets britanniques, elle devient une Cour de cassation qui ne peut connaitre que les points de droit. Toutefois, les décisions infirmées par elle ne sont pas l'objet d'un renvoi, elles sont jugées par la *Dika* elle-même qui doit toutefois accepter les points de fait tels qu'ils ont été établis par la Cour d'appel.

[2] Comme ouvrages généraux sur le Siam, nous recommandons en français le livre de Pallegoix. *Description du Royaume thaï ou Siam* Ce livre est malheureusement ancien, mais il n'existe rien de moderne en notre langue. En anglais, nous avons. au contraire, un ouvrage récent et assez complet *The Kingdom of Siam*, par W.-A. Graham.

PREMIÈRE PARTIE

LA FEMME HORS DU MARIAGE

A. Inexistence d'incapacités résultant de son sexe. — Le droit siamois actuel ne considère pas la femme comme un être faible ayant besoin d'une protection particulière. Il ignore cette mise en tutelle que semblent avoir connu toutes les législations primitives de l'Orient comme de l'Occident, puisque la Loi de Manou [1] et le droit romain ancien, s'accordent à considérer la femme comme une incapable, ne pouvant accomplir, sans le secours d'autrui, aucun acte juridique [2]. Au Siam, la capacité est la règle, bien que le principe ne soit énoncé formellement par aucun texte; la loi n'édicte aucune de ces incapacités particulières

[1] Nous renvoyons à la loi de Manou parce que les Siamois font remonter certains principes inscrits dans leurs lois à cette lointaine origine.

[2] La loi de Manou s'exprime ainsi dans son Livre IX, article 3 :

« Une femme est sous la garde de son père pendant son enfance, sous la garde de son mari pendant sa jeunesse, sous la garde de ses enfants dans sa vieillesse (en cas de veuvage : elle ne doit jamais se conduire à sa fantaisie. »

Cette même idée de tutelle perpétuelle de la femme se retrouve encore au Livre V, articles 147 et 148.

comme notre droit français en contenait encore jusqu'à ces derniers temps et qui étaient les vestiges révé-
lateurs d'un état de choses disparu.

Capable. C'est au même âge que l'homme que la
femme peut exercer sa capacité. C'est à vingt ans
accomplis, comme lui, qu'elle devient majeure. Elle
peut être témoin en justice, témoin instrumentaire,
elle peut ester en justice, être tutrice. Elle possède les
mêmes droits successoraux que l'homme, son sexe
n'entrainant pour elle aucune réduction de part. Elle
dispose enfin librement de ses biens.

La femme peut exercer, en principe, la profession
qui lui plaît. Au Siam, les femmes commerçantes sont
nombreuses, et quelques-unes dirigent avec succès de
très importantes affaires. Elles ne sont cependant pas
accueillies dans les professions libérales, et le barreau
leur est interdit. Cela tient moins d'ailleurs à des
prohibitions législatives inexistantes qu'à l'état actuel
des mœurs, peu favorables au genre de vie qu'entraî-
nerait l'exercice de ces professions.

De cette simple énumération il résulte nettement que
la femme siamoise occupe une situation sociale qui ne
lui laisse rien à envier à la femme européenne, et particulièrement à la femme française. Sans nous écarter
trop du domaine juridique où est cantonnée notre étude,
nous pouvons ajouter que la femme jouit d'une parfaite liberté d'allures, que rien, dans son costume ou
dans sa mise, ne révèle un état d'infériorité par rapport
au sexe masculin.

B. **Immunités dont jouit la femme.** — L'égalité

juridique qui existe entre l'homme et la femme, devrait, semble-t-il, l'astreindre aux mêmes obligations fiscales. Le législateur cependant prend en considération la plus grande difficulté qu'a la femme à subvenir aux besoins de son existence en l'exemptant de la taxe de capitation. Cet impôt égal pour tous est dû par les hommes seulement.

C. Protection de la femme établie par le droit pénal. — L'absence d'une législation sociale tant au profit des hommes que des femmes ne permet pas de dire que le législateur ait refusé à la femme la protection dont elle a besoin.

Le Siam est un pays essentiellement agricole, la classe ouvrière y est infime et composée presque exclusivement d'étrangers, d'ailleurs la main-d'œuvre féminine est extrêmement rare dans les industries actuellement existantes. Le besoin d'une législation de ce genre ne se fera pas sentir de longtemps.

Nous ne trouvons donc dans le droit siamois que la protection générale de la femme, dans son sexe, établie par le droit pénal : c'est là une matière réglée par le Code pénal siamois[1] entré en vigueur le 22 septembre 1908. Il contient, sur ce point, des dispositions réprimant l'enlèvement des mineures et le viol, inspirées des législations les plus modernes. Le viol art. 243 et 244 est sévèrement réprimé, et toute

[1] Le Code pénal siamois a été rédigé par M. Padoux, ministre plénipotentiaire qui fut conseiller législatif du Gouvernement siamois de 1905 à 1912. Une traduction française en a été publiée dans la *Collection des principaux Codes étrangers*.

personne, connaissant l'existence d'un projet de commettre un viol, qui négligerait d'en informer l'autorité compétente, ou la victime désignée, à un moment où cet avis pourrait empêcher l'exécution de ce délit, est passible de l'emprisonnement de un mois au plus et de l'amende jusqu'à cent ticaux [1], ou de l'une de ces deux peines seulement (art. 335-2°). Tout attentat à la pudeur simple est puni d'une peine de un mois à trois ans d'emprisonnement (art. 246) et la jurisprudence, en accueillant des faits peu graves comme actes constitutifs de ce délit, montre le très haut souci qu'elle a, d'assurer le respect de la femme.

[1] Le tical vaut actuellement environ 5 francs. Le Siam possède un étalon d'or théorique, c'est la livre sterling qui fournit cet étalon : 10 ticaux valant une livre.

DEUXIÈME PARTIE

LA FEMME DANS LE MARIAGE

Toutes les législations de l'Occident, avec plus ou moins de libéralisme, autorisent la femme à engager le ménage. Notre droit français a sa théorie du mandat tacite, le droit suisse reconnaît à la femme un pouvoir propre pour les besoins courants du ménage, et il serait facile de multiplier les citations. Quelques moyens juridiques que l'on adopte pour permettre à la femme de remplir ces fonctions de maîtresse de maison, il résulte de l'examen des diverses législations qu'un certain pouvoir de gestion doit être reconnu à la femme, qu'il est inhérent à l'organisation de la vie familiale.

Les législations ont aussi cherché des moyens d'inciter la femme à tenir son rôle avec le maximum d'habileté, et beaucoup de régimes matrimoniaux, en lui octroyant une part des acquêts communs, ont cherché à récompenser son zèle.

L'excellence de ces deux principes : nécessité d'un pouvoir de gestion de la femme, participation de la femme aux bénéfices réalisés pendant le mariage, n'a pas échappé au législateur des pays polygames; mais comment en assurer l'application dans une union qui comprend plusieurs épouses? L'impossibilité est manifeste. L'unité de direction qui est nécessaire à la bonne administration du ménage, s'oppose à tout morcellement de pouvoir. Et si même il pouvait être divisé, pourrait-on faire participer également aux bénéfices des épouses qui n'auraient pas travaillé avec le même zèle à la prospérité de la famille.

De là est née la notion de la différenciation des épouses. Il y a plusieurs femmes, mais une seule occupe cette place d'associée, qui la fait participer pleinement à tous les risques heureux ou malheureux de l'association conjugale.

C'est ainsi qu'au Siam la loi distingue plusieurs sortes d'épouses. Elle établit plusieurs classifications, mais une seule est vraiment fondamentale, celle qui crée, d'une part, une femme première capable d'engager l'avoir commun, liée à son mari par un régime matrimonial l'intéressant à une bonne gestion, et, d'autre part, des femmes secondaires, n'ayant qu'une place effacée et ne participant que d'une façon limitée et indirecte à la prospérité du ménage.

TITRE PREMIER

DES DIFFÉRENTES SORTES D'ÉPOUSES

Il existe trois classifications correspondant à des objets différents : l'une que l'on rencontre dans la *Laxana Poua Mia*, la seconde qui est établie par la *Laxana Kou Ni*, la troisième fondée sur la *Laxana Moradok*.

1° CLASSIFICATION DE LA *Laxana Poua Mia* (LOI SUR LE MARI ET LA FEMME). — Étant donné la loi dans laquelle elle se trouve indiquée, on pourrait croire qu'elle est la principale. Il n'en est rien, elle a, en effet, un caractère tout à fait particulier et accessoire. C'est pour la répression de l'adultère que la *Laxana Poua Mia* distingue dans son préambule deux catégories d'épouses : les épouses du milieu (*Mia Klang Muang*) et les épouses de l'extérieur (*Mia Klang Nok*). L'idée n'est pas que *l'épouse du milieu*, supérieure en dignité à *l'épouse de l'extérieur*, sera plus sévèrement punie au cas où elle commettrait l'adultère, non, la punition est la même. C'est le complice qui, lui, se verra infligé un châtiment différent, selon qu'il aura commis l'adultère avec la première ou avec la seconde. Tout homme qui commet l'adultère avec une *femme du milieu* sera condamné à l'amende entière, tandis que celui qui le commet avec une *femme de l'exté- rieur* ne se verra infliger que les cinq sixièmes de l'amende totale.

Pourquoi cette différence dans le châtiment? Est-ce là une survivance d'une amende privée dont le montant était variable selon le prix d'achat de la femme, à une époque où le mariage par achat[1] devait certainement exister? Cela est très vraisemblable et se présente à l'esprit comme la meilleure explication.

Il est d'un intérêt plus actuel de se demander quelle est l'origine de cette inégalité entre la *femme du milieu* et la *femme de l'extérieur*, en d'autres termes, de répondre à la question : Comment devient-on *femme de l'extérieur* et *femme du milieu?*

Est *femme du milieu* celle qui a été épousée selon les formes du mariage avec cérémonies, car la législation connaît plusieurs modes de mariage dont celui-ci est considéré comme supérieur. Tel est le prin-

---

[1] La loi de Manou, constate Letourneau p. 394 et 395, a totalement échoué en voulant empêcher le mariage par achat. Depuis les temps les plus lointains, dit-il, il est d'usage dans l'Inde de payer au père une certaine somme le jour ou le lendemain du mariage de sa fille.

Nous verrons plus loin qu'au Siam l'influence du bouddhisme et celle de la loi de Manou n'ont pas eu un meilleur succès, et qu'il n'y a sans doute pas très longtemps le mariage par achat y était encore pratiqué.

Voici comment la loi de Manou, dans son Livre III, article 51, formule sa prohibition : « Un père qui connaît la loi ne doit pas recevoir la moindre gratification en mariant sa fille, car l'homme qui par cupidité accepte une semblable gratification est consi- déré comme ayant vendu son enfant. »

cipe, et telle était vraisemblablement la règle primitive ; il a perdu de sa rigueur première et on a trouvé
des textes pour reconnaître au mari art. 102. P. M.,
notamment le droit d'élever au rang d'*épouse du
milieu* une ou plusieurs *épouses de l'extérieur*.
L'*épouse du milieu* ne serait donc pas forcément
unique.

Pour nous, nous ne sommes pas très convaincu, car
la loi n'établit aucun moyen pour le mari de manifester
sa volonté d'une façon certaine et irrévocable. Quand
se fait cette élévation de rang et comment se prouve-
t-elle? Ce sont autant de questions auxquelles il faudrait une réponse, puisque la *femme du milieu* n'a
pas dans le ménage une situation et une fonction qui
la distingue aux yeux des tiers. Si pour celle qui est
issue du mariage avec cérémonies la solennité constitue une preuve de son rang, celle qui a été promue,
après le mariage, à cette dignité, ne peut le prouver
qu'avec la bonne volonté du mari.

Enfin il existe encore une femme qui est *épouse
du milieu* de droit, c'est celle qui a été donnée par le
roi. C'est, en effet, un attribut du pouvoir souverain
que de pouvoir donner en mariage ses sujettes: cela,
d'ailleurs, n'a rien de particulier, car on sait que la
même prérogative a appartenu chez nous au roi et aux
seigneurs et a été fréquemment exercée. Au Siam,
elle n'est plus que d'un usage exceptionnel.

Le roi, s'il peut spontanément donner une femme à
un de ses sujets, peut également désigner une épouse
à celui qui le lui demande; en ce cas, cette femme
serait seulement une *épouse de l'extérieur*.

2° Classification de la *Lacana Kou Ni* (Loi sur les dettes). — C'est de toutes la plus importante, bien qu'elle ait son siège hors de la loi sur le mari et la femme ; elle exprime une inégalité entre les femmes qui correspond à la réalité des faits, au rôle respectif que chacune d'elles joue dans le ménage.

L'article 17 de la loi sur les Dettes s'exprime ainsi : « Si la femme première a emprunté de l'argent et que le créancier n'en a pas informé le mari, le mari devra rembourser le capital ; mais si le mari en a été informé, il devra rembourser le capital et les intérêts... » La femme première est donc celle qui a le pouvoir d'engager le mari, c'est elle qui est la maîtresse de maison, l'associée de son mari, celle en qui il peut placer sa confiance.

Nous trouvons dans cette classification une femme première (Mia Louang) et des femmes secondaires (Mia Noye), leur rôle respectif sera décrit lorsque nous nous occuperons du pouvoir que possèdent les époux sur les biens communs.

En raison même de sa fonction, la femme première est unique.

Comment est-elle désignée ? C'est celle qui est choisie par le mari ; le plus souvent, cette désignation résulte d'un accord entre les parents de la jeune fille et le futur mari qui ne pourrait s'y dérober sans s'exposer à une demande en divorce. En fait, la femme première est toujours issue du mariage avec cérémonies, tandis que c'est par le mariage par cohabitation que sont épousées les femmes secondaires.

La femme donnée par le roi est toujours femme

première; ici, le droit de désignation du mari disparaît.

Nous ne pensons pas, bien que nous ne connaissions pas d'arrêts sur la question, que le mari puisse revenir sur son choix, il ne peut pas remettre au rang de femme secondaire la femme à laquelle il a reconnu la position de femme première.

Notons en terminant que, collaboratrice de son mari, la femme première participe au partage des acquêts du ménage, tandis qu'entre les femmes secondaires et le mari il ne s'établit aucune communauté de biens[1].

3° CLASSIFICATION DE LA *Lakana Moradok* (Loi sur l'héritage). — La loi sur l'héritage dans son article 5 établit encore une autre et troisième classification des épouses. Chaque femme, en droit siamois, a des droits sur la succession de son mari, mais chacune ne reçoit pas une part égale.

A cet égard, il existe trois sortes de femmes :

1° La femme donnée par le roi;

---

[1] C'est du moins ce qui résulte du texte de la loi : la loi parle de la femme, au singulier, ce qui a fait dire au prince Rabi, dans ses *Commentaires*, p. 82 : « Dans la détermination du mode de partage des *sin som rot* (acquêts) le législateur n'a pas pensé qu'au Siam un homme pouvait avoir plusieurs femmes. » Cependant le prince Rabi donne, page 83, des exemples qui font croire que chaque femme, quel que soit son rang, aurait droit à une part égale des *sin som-rot* et participerait donc au régime matrimonial.

Pratiquement la question n'est pas très intéressante, car les femmes secondaires sont en général pauvres; nous avons donc exposé le régime matrimonial comme s'il n'existait qu'une femme unique.

2° La femme qui s'est mariée avec cérémonies ;

3° La femme demandée au roi et donnée par lui.

Ici, la forme du mariage reprend une importance de tout premier plan. Les fiançailles, stipulent les textes, devront être célébrées selon le rite traditionnel, c'est-à-dire qu'il y aura offrande de présents (Khan mak) par le futur mari aux parents de la jeune fille. La jurisprudence, tenant compte des exigences de la vie moderne, de la désuétude dans laquelle est tombée l'observation rigoureuse du cérémonial fixé par la coutume, pour les fiançailles, se contente d'exiger que des cérémonies aient eu lieu pour la célébration du mariage. C'est une condition nécessaire, mais suffisante, pour qu'il y ait mariage avec cérémonies.

En résumé, de ces trois classifications, les deux dernières sont de beaucoup les plus importantes.

Pour la répression de l'adultère, le rang des femmes est fixé par le mari ; le meilleur rang pouvant être accordé à plusieurs.

Pour la prééminence dans l'administration du ménage, le choix du mari s'exerce également, mais il peut ne pas être libre ; en tout cas, une fois exercé, il est irrévocable.

En matière successorale, c'est le mode de mariage qui gouverne. En principe, l'usage est de n'épouser solennellement qu'une seule femme, mais rien ne s'oppose théoriquement à ce que plusieurs épouses soient issues de ce mode de mariage. Notons que cette dernière classification se rejoint en quelque sorte avec la précédente, car la coutume est d'épouser avec cérémonies la femme première, tandis que les épouses secondaires sont épousées par l'autre forme de mariage, c'est-à-dire par cohabitation.

Il n'est peut-être pas inutile de souligner que les femmes secondaires sont des épouses et non des concubines. Cela résulte nettement des droits successoraux que la loi leur reconnait.

TITRE II

LE MARIAGE

Nous avons laissé entendre que la loi siamoise connaît plusieurs formes de mariage. Nous savons même que le mode de mariage dont l'épouse est issue n'est pas sans influer sur sa situation dans la famille. Nous ne saurions, par conséquent, négliger de décrire les différentes sortes de mariage; nous indiquerons au moins sommairement en quoi consistent les rites qui donnent au mariage avec cérémonies un caractère archaïque digne d'être noté.

CHAPITRE PREMIER

LES DIFFÉRENTS MODES DE MARIAGE
LEURS CARACTÈRES COMMUNS

Deux formes de mariage existent actuellement : le mariage avec cérémonies et le mariage par cohabitation.

L'une comme l'autre ne constituent pas un mariage par achat, mais il est certain que ce dernier, les auteurs siamois le reconnaissent eux-mêmes[1], a été connu du

---

[1] Voir *Commentaires sur diverses lois* du prince Rabi, p. 74. Cet auteur fait très justement remarquer que le fiancé anciennement devait acheter sa femme. Pour lui, le *thong man*, somme

droit siamois ancien : le paiement par le fiancé aux parents de la jeune fille d'une certaine somme d'argent, tel qu'il subsiste encore actuellement, est assurément la survivance d'une pratique qui ne nous paraît pas devoir remonter à une époque très reculée.

Le mariage avec cérémonies et le mariage par cohabitation ont le caractère d'actes absolument privés. Ils se forment, tous deux, sans l'intervention d'un officier public. Le ministère de celui-ci n'est pas requis non plus pour établir une preuve écrite car les registres de mariage n'existent pas encore, et c'est par des témoignages oraux que la preuve du mariage est administrée.

Ce système présente, de toute évidence, de graves inconvénients et il a dû être modifié en faveur des étrangers : un décret royal de l'année 116[1] 1897, a

payée au moment des fiançailles, ressemble fort aux arrhes données dans une vente, tandis que le *sin sot* payé également aux parents avant ou après la célébration, correspondrait au prix de la jeune fille. Nous retrouverons ces termes et nous verrons quelle idée ils représentent dans le droit actuel.

[1] Les Siamois emploient plusieurs ères ; au cours de cette étude, nous en rencontrerons trois :

1° L'ère de la fondation de Bangkok qui part du 1er avril 1781, date approximative de l'établissement de la capitale du royaume dans cette ville. Cette ère n'est plus employée actuellement pour dater les lois.

2° On se sert maintenant de l'ère bouddhique, qui est supposée commencer à la mort du Bouddha, c'est-à-dire en l'an 543 avant Jésus-Christ.

3° Une troisième ère, enfin, fut exclusivement employée pour dater les lois avant 1889, c'est l'ère dite de Pra Reuang, roi qui fut son fondateur présumé ; en 1889 elle fut remplacée par l'ère de la fondation de Bangkok.

crée pour eux la célébration du mariage par un agent administratif et a prescrit la rédaction d'un acte.

Des lois spéciales ou des arrêtés ayant reçu l'approbation royale sont intervenus pour réglementer le mariage des fonctionnaires appartenant à certains ministères. Ils ont imposé aux époux des conditions d'âge différentes de celles pratiquées ordinairement, vingt ans pour le mari et seize ans pour la femme, et ordonné l'enregistrement de leur mariage au secrétariat du ministère intéressé. Ces prescriptions se trouvent donc en avance sur la coutume et montrent la voie dans laquelle devra s'engager la législation de l'avenir.

Le mariage siamois, dans l'une et l'autre de ses formes, présente un caractère nettement contractuel, il résulte de l'accord des époux, le consentement de la femme étant indispensable à sa validité. On pourrait le définir : un contrat par lequel l'homme et la femme s'unissent pour fonder une famille[1] et mener une vie commune.

La survenance des enfants a, dans de nombreux cas, une très grande importance, elle est la condition même

---

[1] Il convient de noter que la légitimité des enfants ne résulte pas du fait de leur naissance d'une union légalement formée. Le concept de la légitimité est inconnu de la coutume siamoise, il n'est pas inscrit non plus dans la loi.

Est considérée comme enfant toute personne traitée comme telle par ceux qui s'avouent être ses auteurs, que ceux-ci soient mariés ou non.

Un enfant issu d'un mariage régulier peut être désavoué par son père au moment de sa naissance et perd, de ce fait, tout droit à sa succession.

de la validité du mariage. P. M.. art. 20. 33. 84. 86. 112. 139. (40.)

Le mariage siamois n'est pas indissoluble. nous verrons que les moyens donnés aux époux pour sortir du mariage sont très nombreux, et que les divorces trop fréquents donnent à la famille une instabilité regrettable.

Pour que les époux puissent contracter mariage, un certain nombre de conditions sont requises. Nous les indiquerons pour le mari comme pour la femme, car s'il est intéressant de se rendre compte de la position de la femme en cette matière, par rapport à la femme française, par exemple, il est non moins utile de voir si l'homme et la femme possèdent bien au Siam, nous ne dirons pas des droits identiques, la différence de leur sexe ne le leur permettant pas, mais des droits équivalents.

A. Capacité-majorité matrimoniale. — La capacité physique requise pour contracter mariage, n'est pas déterminée par la *Laxana Poua Mia* pas plus pour l'homme que pour la femme. La coutume cependant, comme le droit romain ancien, veut que nul ne puisse se marier s'il n'a atteint l'âge de la puberté. Les auteurs siamois[1] insistent sur le fait que les mariages, du genre de ceux pratiqués aux Indes, c'est-à-dire entre enfants, sont impossibles. Ils fondent leur idée et sur l'incapacité physique des jeunes époux et sur le manque de discernement qui empêche des enfants de conclure valablement leur mariage.

[1] *Commentaires sur diverses lois* du prince Rabi, p. 35. 36.

D'ailleurs, le Code pénal promulgué en 1908, dans son article 244, a fait de tout commerce charnel avec une jeune fille âgée de moins de douze ans, avec ou sans consentement, un acte délictueux.

Il est difficile de dire cependant quel sort serait réservé par la jurisprudence à un mariage qui aurait lieu entre mineurs de douze ans: les sanctions ne sont pas inscrites dans la loi, et il n'existe pas d'arrêts sur la question. Très vraisemblablement, selon notre sentiment, c'est sur le caractère contractuel du mariage qu'elle s'appuierait pour déclarer le mariage nul, l'âge des parties ne leur permettant pas d'avoir le discernement indispensable pour la conclusion d'un engagement d'une telle gravité.

L'arrivée à l'âge de la puberté ne suffit pas à rendre le jeune homme et la jeune fille aptes à contracter mariage; jusqu'à leur majorité, c'est-à-dire jusqu'à vingt ans accomplis, ils ne sauraient valablement se marier sans le consentement de leurs parents.

B. Consentement des parents. — En principe, le jeune homme comme la jeune fille ne peuvent se marier sans ce consentement, mais le consentement des parents du jeune homme n'est mentionné qu'une seule fois dans la *Lalana Pona Mia* art. 131, et la loi s'abstient d'énumérer les conséquences qu'il faut attacher à son absence. Pour la jeune fille, au contraire, le consentement des parents est strictement obligatoire et les textes donnent à ceux-ci les moyens de faire prévaloir leur volonté et d'empêcher la conclusion de tout mariage qui ne leur agréerait pas. « Aussi longtemps, dit l'article 79, que les parents n'ont pas donné leur fille en mariage, ils ont pouvoir sur elle.

« Si un homme veut l'avoir pour épouse, qu'il rende d'abord hommage aux parents conformément à la coutume.

« Si ceux-ci donnent leur fille à un mari, c'est le mari qui a désormais pouvoir sur elle. »

La même loi édicte, dans son article 135 : « Si un homme enlève une jeune fille sans avoir rendu hommage aux parents de celle-ci, il doit être puni.... » L'article 133 précise qu'en pareil cas « la fille n'est pas la femme de l'homme qui l'a ainsi enlevée, elle est seulement sa maîtresse : elle est toujours sous le pouvoir de ses parents, elle ne peut être considérée comme la femme de l'homme qui l'a enlevée, car celui-ci n'a pas rendu hommage aux parents ».

De nombreux articles affirment encore indirectement l'existence de la règle, soit en supposant que le mari a demandé le consentement des parents de la femme vivant avec lui (art. 102 à 111, 113 à 118, 120 à 122, 130), soit en blâmant l'homme qui n'a pas demandé le consentement des parents de la jeune fille qu'il a séduite ou enlevée (art. 14, 18, 74 et section B, art. 80, 81, 84 à 86, 116, 119, 120, 123, 126 à 128, 130 à 133, 139).

La loi est donc stricte, impérative, le consentement des parents est requis non pas seulement comme un hommage de respect de la jeune fille pour les auteurs de ses jours, ou pour la protection de ses intérêts, mais pour affirmer leur droit sur sa personne même.

On ne peut ici s'empêcher de se remémorer le droit

romain primitif. Anciennement, les parents devaient être considérés comme les propriétaires de la personne de leur fille, et ils ne pouvaient se dépouiller de leur droit que par une cession faite au mari. Cette conception de la nature du consentement des parents cadre d'ailleurs parfaitement avec la coutume du mariage par achat ; elle s'infère aussi des sanctions qui atteignent l'homme qui a eu des relations avec une jeune fille sans le consentement de ses parents[1].

Ce consentement des parents avec son caractère impérieusement obligatoire, était, il y a relativement peu d'années, toujours indispensable à la jeune fille qui voulait contracter mariage quel que fût son âge.

C'est une décision royale de 1227 1865 qui l'a autorisée à contracter mariage sans l'autorisation de ses parents[2]. Cette décision vise un cas particulier,

[1] Tout homme qui a des relations avec une jeune fille dans la maison de ses parents doit être condamné à des dommages et intérêts au profit de ceux-ci (P. M., art. 79). Des dommages et intérêts sont dus également si ces relations ont eu lieu hors de la maison et s'il y a eu enlèvement (P. M., art. 100, 103, 127, 135).

Il est des cas cependant où l'homme est libéré de toute responsabilité : lorsque la jeune fille s'est rendue chez lui de sa propre volonté (P. M., art. 74) ; lorsque, ayant eu des relations avec une jeune fille, il la ramène à ses parents et s'excuse de sa mauvaise conduite (P. M., art. 79, 103, 105, 134) ; lorsque, enfin, ayant vécu avec la jeune fille pendant dix ans, il la quitte par la volonté de celle-ci et la ramène à ses parents (P. M., art. 125).

D'autre part, l'homme qui abandonne une jeune fille qu'il a séduite commet une faute (P. M., art. 80 et 124), et si elle vient à mourir en mettant un enfant au monde, il doit des dommages et intérêts à ses parents.

[2] Les jeunes filles non issues d'une famille noble profitent seules de cette loi. Les autres, même majeures, ne peuvent pas

mais elle a créé un précédent qui s'est imposé aux tribunaux. Au Siam, tout sujet a le droit d'adresser une pétition au roi, de même les tribunaux en l'absence de textes législatifs ou en présence de textes désuets peuvent recourir au roi, en qui sont concentrés tous les pouvoirs, pour lui demander de dire le droit.

En l'occurence, il s'agissait d'une pétition privée. Le point à décider était le suivant. Les parents d'une jeune fille voulaient obliger celle-ci à épouser un certain mari, elle s'y refusait, voulant être l'épouse d'un autre homme, avec lequel elle avait eu des relations. Le roi désigna deux personnages de sa cour pour régler l'affaire, avec mission de juger que la jeune fille devait être l'épouse de celui qu'elle aimait, son âge de vingt ans accomplis l'autorisant à choisir un mari selon son cœur.

C'est ainsi que la fille majeure fut dispensée, pour contracter mariage, d'obtenir l'autorisation de ses parents.

Ce pouvoir d'autorisation appartient aux parents et aux parents seuls. Une jeune fille est-elle élevée non par ses père et mère, mais par d'autres parents et s'est-elle mariée avec le seul consentement de ces derniers, le père et la mère pourront obliger le mari à la rendre et mettre fin à l'union réalisée en dehors d'eux. P. M. art. 137 . La même solution intervient lorsque

épouser, sans l'agrément de leurs parents, un homme d'une noblesse inférieure à celle de leurs pères.

Si cependant elles vivent avec un homme qui n'a pas le « *degré de noblesse requis* », il n'y a pas mariage tant que celui-ci n'a pas été accepté comme gendre par les parents de la jeune fille.

la jeune fille s'est enfuie de la maison paternelle et a été mariée par les personnes chez lesquelles elle s'est réfugiée. P. M., art. 136.

Si, enfin, une femme divorcée va vivre avec ses parents et qu'elle désire ensuite reprendre la vie commune avec son ancien mari, elle ne peut le faire sans l'autorisation de ses parents; si elle retourne auprès de son mari malgré leur opposition, elle est sa maitresse et non sa femme P. M., art. 138.

A la mort du père, la mère a le droit d'autoriser seule le mariage de sa fille. Lorsque les père et mère sont décédés, la jeune fille ne peut se marier sans l'autorisation du parent ou de la personne qui prend soin d'elle P. M., art. 74. Section B, n°° 4 à 7).

Notons, en terminant, qu'il est un cas où les parents ne peuvent pas refuser leur consentement. Voici l'espèce :

Un homme a eu des rapports avec une jeune fille, il vient faire des excuses aux parents et demander la jeune fille en mariage, ceux-ci doivent la lui accorder P. M., art. 82, 129.

En résumé, la liberté de la jeune fille mineure est très limitée lorsqu'il s'agit de contracter mariage; si ses vœux doivent être pris en considération, ils sont subordonnés assez étroitement à la volonté des parents P. M., art. 84, 107, 121, 123. En France, il n'en est guère autrement, et ici, comme là bas, les parents peuvent sans contrôle écarter les partis qui s'offrent à à leur fille.

Le jeune homme est plus favorisé; c'est, semble-t-il, seulement par respect et déférence pour ses parents qu'il doit obtenir pour se marier leur consentement, et encore la loi omet-elle d'établir des sanctions pour le cas où il s'abstiendrait de le demander. Cette inégalité entre la jeune fille et le jeune homme s'explique vraisemblablement par deux faits : d'abord par la nature du droit que les parents devaient avoir autrefois sur la personne de leur fille, ensuite par l'existence ancienne, au profit du jeune homme, d'une majorité précoce qui lui donnait, à un très jeune âge, une large autonomie.

CHAPITRE II

LES FIANÇAILLES

Les fiançailles, nous dit Viollet[1], furent primitivement, chez les Germains, nécessaires à la validité du mariage : elles étaient au mariage ce qu'en droit romain la vente est à la transmission de la propriété. Il ne nous paraît pas douteux qu'elles ont tenu un rôle analogue dans le droit siamois, elles font partie intégrante du mariage avec cérémonies et nous verrons plus loin que la coutume, sinon la loi, règle soigneusement les actes qui les composent.

Avant d'étudier les formes des fiançailles dans le mariage avec cérémonies, nous voudrions dégager les caractères généraux du contrat de fiançailles considéré dans son essence, car il est usité également dans le mariage avec cohabitation et tient dans la conclusion des mariages une place considérable.

[1] *Histoire du Droit civil français*, 3ᵉ édition, p. 457.

Ce contrat de fiançailles est d'ailleurs appelé, par les auteurs siamois, contrat de mariage. Il obéit aux règles ordinaires des contrats, n'est pas nécessairement pur et simple et peut être subordonné à la réalisation de certaines conditions. Entrons dans le détail :

C'est un contrat par lequel un jeune homme et une jeune fille, celle-ci avec le consentement de ses parents, s'engagent à se prendre mutuellement pour époux. C'est donc au moment de sa conclusion que sont donnés et le consentement de la jeune fille et celui des parents. Dès lors on peut dire qu'il ne manque, pour parfaire le mariage, que les cérémonies ou la cohabitation. Toutefois, des précautions sont prises pour que les parties tiennent leurs engagements. La coutume veut que le fiancé paie aux parents de la jeune fille une certaine somme, le *thong man* ou *l'or de l'engagement*, et ceux-ci auront le droit de le confisquer[1] au cas où le fiancé, à la date fixée d'un commun accord, se déroberait, soit aux cérémonies, soit à l'entrée en ménage qui, dans le mariage par cohabitation, marque le début de la vie conjugale.

La confiscation du *thong man* joue donc comme une clause pénale qui assure au profit de la jeune fille l'exécution de la promesse de mariage.

Le contrat de mariage, qui peut être purement verbal, comprend encore d'autres stipulations. Il fixe la

[1] Un arrêt de la *Dika*, n° 708, année 1903, s'exprime ainsi : « Un jeune homme a demandé une jeune fille et a donné le *thong man*, ce jeune homme est allé ensuite épouser une autre femme, c'est à bon droit que le père lui a refusé sa fille et a confisqué le *thong man*, car le jeune homme avait violé le contrat. »

dot des époux s'il y a lieu, appelée en siamois *thoun* ou capital. C'est, en effet, le capital des époux constitué pour entreprendre la vie commune. Il décide de l'érection de la maison *(Reuon Ho)*, qui doit abriter les jeunes époux. C'est, en effet, une coutume siamoise que d'édifier une maison pour chaque nouveau ménage; il s'agit d'une construction légère, le plus souvent en bois, et qui est ordinairement construite dans l'enclos de la maison des parents de la jeune fille. Fréquemment, c'est le futur mari qui doit faire cette construction. On fixe aussi le jour de la cérémonie ou du commencement de la vie commune. Des usages dignes d'être notés permettent d'astreindre le futur époux à une sorte de stage probatoire dans la maison des parents de la jeune fille pendant un an ou deux, il devra les aider dans leurs travaux, et c'est seulement s'il leur donne satisfaction que le mariage aura lieu. On peut aussi lui assigner l'accomplissement d'un travail déterminé dont l'achèvement, dans un temps donné, décidera de la conclusion du mariage.

On convient également du montant du *sin-sot*, somme qui correspond à l'ancien prix et qui est payée aux parents de la jeune fille pour les défrayer des frais de l'éducation de celle-ci. Le paiement a lieu soit avant[1], soit le jour même du mariage (P. M., art. 106, 109, 131).

[1] Lorsque le fiancé meurt avant la célébration du mariage, s'il a eu des relations avec sa fiancée, le *sin sot* est acquis à celle-ci; s'il n'a pas eu de relation avec elle, la fiancée aurait droit à la moitié du *sin sot*.

Si la fiancée meurt avant le jour du mariage, le *sin sot* est acquis tout entier à ses parents (P. M., art. 109).

Pendant la durée des fiançailles, les futurs époux doivent faire preuve de certaines qualités : la révélation de quelques vices chez l'un des fiancés délie l'autre de sa promesse de mariage. Il en serait ainsi si la fiancée avait une mauvaise conduite P.M., art. 114 et arrêt de la *Dika*, n° 692, année 2456 1913 , si le fiancé épousait une autre femme P. M., art. 117 et arrêt de la *Dika*, n° 748, année 122 1903 , si le fiancé se livrait à des privautés ou à des actes impudiques sur la personne de sa fiancée P.M., art. 103, 106 , si l'un des deux époux fréquentait des malfaiteurs P. M., art. 108 ou avait le goût du jeu ou de la boisson P.M., art. 107 et 129 . Enfin la jeune fille ne serait point obligée de tenir sa promesse s'il arrivait à sa connaissance que le fiancé est déjà marié. Si enfin l'un des futurs époux ne se présente pas à la date fixée pour les cérémonies ou pour l'entrée en ménage, l'autre recouvre de ce fait sa liberté.

Notons que le fiancé n'a pas le droit de cohabitation P. M., art. 106 et que la fiancée est astreinte à la fidélité ; tout homme qui aurait des rapports avec elle serait passible d'une amende au profit du fiancé (P.M., art. 114 .

CHAPITRE III

LE MARIAGE AVEC CÉRÉMONIES

Le trait caractéristique du mariage avec cérémonies est que le consentement des parents est toujours requis quel que soit l'âge de la jeune fille ; à défaut de ce consentement cette forme de mariage ne peut être usitée.

A. **Les fiançailles.** — La loi en règle minutieusement tous les détails. Le prétendant doit demander respectueusement, lui-même, ou par intermédiaire, le consentement des parents de la jeune fille (P. M., art. 131, 112, 115, 116, 119 et 123). S'il est obtenu, il doit leur faire les présents d'usage appelés *Khan-mak*[1]. Ces *Khan-mak* sont de trois sortes (P. M., art. 114, 116). Il y a d'abord trois *Khan-mak* qui doivent être offerts aux parents de la jeune fille le jour de la demande en mariage, ils se composent de trois coupes contenant des feuilles de bétel, de la noix d'arec, ainsi que quelques pièces de monnaie[2].

Si ces *Khan-mak* sont acceptés, on fixe une date pour la célébration proprement dite des fiançailles (P. M., art. 114, 115).

Ce jour-là, le jeune homme doit rendre de nouveau hommage aux parents de la jeune fille et leur envoyer des présents qui sont appelés : *Khan-mak man* (les

[1] *Khan* signifie bol, coupe, et *mak* signifie arec.

[2] Tout ce cérémonial et les textes qui le prescrivent doivent être très anciens. Dans une très vieille relation française publiée en 1712 : le *Journal du Voyage de Siam*, fait en 1685 et 1686 par l'abbé de Choisy, nous trouvons la description de ces usages page 415 : « Quand quelque Siamois recherche quelque fille en femme en mariage, il l'envoye demander à ses parents par quelqu'un des siens qui leur porte une petite boëte d'or et d'argent pleine de bétel ou d'areque. Si les parents reçoivent le présent c'est une marque qu'ils acceptent la demande et l'on convient du bien que chacun doit avoir et du jour des noces où se trouvent tous les parents et amis de part et d'autre. »

Khan-mak de l'engagement . C'est de ce moment que
naît pour les parties un engagement véritable. En même
temps est payé le *thong man* dont nous avons déjà
parlé, somme destinée aux parents de la jeune fille,
mais qui est fréquemment employée pour l'achat de
bijoux à la jeune fiancée.

Enfin on offre souvent le jour même de la célébration du mariage un autre *Khan mak* appelé *Khan mak
gaï* (ou grand Khan mak) P. M., art. 106, 114 et
qui comprend ordinairement des cadeaux d'étoffes;
c'est le troisième *Khan mak*.

B. **La célébration proprement dite du mariage.**
— Voici la description sommaire des cérémonies du
mariage; notons qu'elles sont fixées presque exclusivement par la coutume.

Le matin de la célébration, des prêtres au nombre
de sept ou de dix viennent à la maison des parents de
la jeune fille et prononcent des prières; pendant ces
prières, le fiancé et la fiancée, assistés d'un parent âgé,
offrent aux prêtres des aliments qu'ils placent eux-
mêmes dans des bols devant chaque prêtre. Les prêtres
mangent ensuite, prient de nouveau et s'en vont.

Le soir, le fiancé quitte la maison paternelle avec
trois de ses amis dont l'un est chargé de le conduire.
Ils se rendent à la maison des parents de la jeune fille,
où se trouvent réunis tous les parents de celle-ci ; un
d'entre eux empêche le fiancé de pénétrer dans l'enclos
de la maison par le moyen d'une chaine ou d'une
corde, jusqu'à ce qu'il ait payé une certaine somme de
monnaie.

Les garçons d'honneur entrent alors dans la maison des futurs époux *(Reuon Ho)* qui est, comme nous le savons déjà, près de la maison paternelle de l'épouse, et, quand tous les invités y sont réunis, les prient de s'asseoir.

Des prêtres viennent alors et récitent des prières.

Après leur départ, deux des plus âgés des parents des fiancés réunissent la tête des deux époux par un fil, après quoi ils aspergent d'eau leurs têtes et toutes les autres personnes âgées font de même.

Ensuite a lieu, hors du *Reuon Ho*, un banquet, les hommes mangeant avec le fiancé, les femmes avec la fiancée.

C'est, pour l'assistance, la fin de la cérémonie.

Les époux attendent qu'un certain temps fixé par les prêtres ou par un vieillard conformément aux rites religieux, se soit écoulé; alors le jeune mari pénètre dans la maison conjugale conduit par le chef garçon d'honneur et la jeune épouse y est amenée par ses parents. La cérémonie du mariage se trouve ainsi terminée. (P. M., art. 117, 118.)

Telle est cette forme du mariage avec cérémonies assez archaïque et qui représente le mode traditionnel de la célébration du mariage.

Du point de vue où nous nous sommes placé, constatons que la femme y joue un rôle tout à fait passif et que, comme nous l'avons déjà indiqué, cette cérémonie, par son organisation même, suppose le consentement des parents de la jeune fille au mariage. Ce mariage présente donc tous les caractères du mariage type, du mariage comportant la pleine adhésion familiale.

Une question se pose. De ces cérémonies nombreuses et compliquées que nous avons brièvement décrites, quelles sont celles qui ont un caractère essentiel, quelles sont celles dont la non célébration comporterait la nullité du mariage?

Il est très difficile de donner une réponse, la jurisprudence siamoise ne présentant aucune espèce de ce genre et la loi étant muette sur les cas de nullité, qu'il s'agisse d'inobservation des formes ou de l'absence de certaines conditions de fond imposées par la loi. La *Lacana Poua Mia* semble préférer les cas de divorce aux cas de nullité. Il est facile d'en fournir un exemple :

C'est un homme qui a épousé une jeune fille en lui cachant qu'il était déjà marié : la loi ne donne pas à celle-ci une action en nullité, mais une action en divorce (P. M., art. 112). Peut-être, cependant, faut-il voir un cas de nullité dans l'exemple suivant : **une jeune fille a été donnée en mariage par un tiers qui n'avait pas demandé le consentement de ses parents, les père et mère peuvent reprendre leur fille, et celle-ci doit être considérée comme n'ayant jamais été la femme de l'homme à laquelle elle a été mariée** (P. M., art. 136, 137).

Les cérémonies, enfin, dans un pays où la preuve préconstituée du mariage n'existe pas, ont surtout une valeur *ad probationem*. Elles sont pour la femme une protection, elles rendent pratiquement difficile, sinon impossible, devant les tribunaux, toute contestation de l'existence du mariage, en raison même de la publicité qu'elles lui donnent.

CHAPITRE IV

LE MARIAGE PAR COHABITATION

Il est extrêmement fréquent, c'est celui qui est usité pour les épouses de second rang, le mariage avec cérémonies étant sinon juridiquement, du moins pratiquement, réservé à la femme première. C'est aussi le mode de mariage employé pour les classes pauvres.

Pour mettre un peu d'ordre dans l'énumération des cas particuliers que nous présente la *Laxana Poua Mia*, deux situations doivent être distinguées : le mariage de la jeune fille mineure, celui de la jeune fille majeure.

Dans un cas comme dans l'autre il convient de déterminer ce que la loi siamoise entend par la cohabitation. C'est le fait « de manger et vivre ensemble comme mari et femme » (P. M., art. 49, 55, 85, 86, 102, 117, 122, 129), soit dans la maison des parents de la jeune fille (P. M., art. 117), soit dans une maison séparée [1] (P. M., art. 117).

A. Mariage de la jeune fille mineure. — Le consentement des parents est obligatoire, mais aucune

---

[1] De même, pour indiquer qu'un homme et une femme vivent ensemble sans être mariés on trouve les expressions suivantes : la loi indique qu'ils n'ont pas été autorisés à « *vivre et manger ensemble* » (P. M., art. 106, 120), ou à « *vivre et dormir ensemble* » (P. M., art. 109, 113). C'est presque mot pour mot notre vieil adage français :

> *Boire, manger, coucher ensemble,*
> *C'est mariage, ce me semble.*

règle ne détermine la façon dont il doit être demandé.

La coutume du *Khan mak man* n'est pas observée, et dans les classes inférieures bien des mariages sont conclus sans que le fiancé ait offert le *Khan mak* aux parents de la jeune fille.

Le consentement n'est pas forcément exprès, il peut être tacite (P. M., art. 85, 109) ou donné quand la jeune fille a déjà eu des relations avec son futur mari, ou qu'elle a été enlevée par celui-ci. Dans ces différents cas, la loi ordonne au jeune homme d'aller faire des excuses et de solliciter son pardon; s'il l'obtient il devient le mari de la jeune fille.

Dans le cas où il n'a ni sollicité ni obtenu son pardon, la jeune fille ne devient pas sa femme, mais reste sa maîtresse (P. M., art. 121).

Les parents sont libres d'agir à leur gré, ils peuvent donner leur consentement ou le refuser, mais il est des hypothèses où ils doivent nécessairement l'accorder (P. M., art. 82, 103, 129, 134). Il s'agit, par exemple, de jeunes gens ayant eu des relations connues des parents de la jeune fille, ou bien de jeunes gens ayant vécu constamment ensemble sans que les parents de la jeune fille aient revendiqué leur enfant.

Dans tous ces cas il y a mariage, car, dit la *Larana Pona Mia*, il ne faut pas que la femme connaisse plusieurs hommes. « La femme en raison de son sexe ne doit pas donner son cœur ni appartenir à deux hommes (P. M., art. 82). »

Dans une autre hypothèse enfin, la nécessité du consentement des parents est complétement éludée. Voici l'espèce :

Deux jeunes gens ont eu des rapports sans le consentement des parents de la jeune fille et un enfant est né ; si le jeune homme considère publiquement la femme avec laquelle il vit comme son épouse, ils doivent être regardés comme gens mariés, l'enfant tiendra lieu de *Khan mak*. Le consentement des parents est donc censé avoir été obtenu P. M., art. 86, 139 .

Ces exceptions au principe de la nécessité du consentement des parents de la jeune fille sont très intéressantes, elles marquent une évolution. Le principe ancien perd de sa force, et le mariage tend à devenir un contrat qui concerne les époux seuls et où le sentiment de la jeune fille prend une importance prépondérante.

B. **Mariage de la jeune fille majeure.** — La jeune fille majeure qui use du mariage par cohabitation n'a pas besoin du consentement de ses parents.

Le consentement réciproque des époux, la cohabitation, la possession d'état des gens mariés constituent l'élément essentiel. Cependant la cohabitation telle que nous l'avons définie précédemment n'est pas suffisante, le texte de la loi indique que la survenance d'un enfant est indispensable à la perfection du mariage (P. M., art. 33, 84).

Il est à présumer que les tribunaux considéreraient cette exigence légale comme excessive et qu'ils tiendraient pour régulièrement mariés un homme et une femme vivant ensemble comme tels [1].

---

[1] La survenance d'un enfant a une grande importance dans la loi siamoise. On peut étayer cette affirmation sur l'exemple suivant : une femme est mariée par cohabitation avec un homme

La cohabitation, d'ailleurs, qu'il s'agisse du mariage d'une jeune fille mineure ou d'une jeune fille majeure, doit être publique et le mari doit traiter sa compagne comme son épouse tant vis-à-vis de sa propre famille que vis-à-vis de tiers.

Il est un cas digne d'être noté, où la jeune fille qui s'est mariée sans le consentement de ses parents doit à ceux-ci une compensation. Nous avons vu que, dans tout mariage, le fiancé payait aux parents de celle-ci une certaine somme d'argent. Lorsque leur consentement n'est pas sollicité, ils ne sont pas dédommagés des dépenses que l'éducation de leur fille leur a coûté. La loi P. M., art. 139 autorise alors les parents pauvres et malades à demander au couple qui s'est uni sans leur agrément des dommages qui réprésentent ces frais d'éducation.

La loi siamoise connaît encore une autre forme de mariage que notre ancien droit n'a pas ignoré non plus : le mariage par la volonté du roi. Nous savons déjà qu'une jeune fille peut être donnée en mariage par le souverain à un de ses sujets soit spontanément, soit sur la demande de celui-ci. En ce cas aucune cérémonie n'est requise : l'octroi par le roi, acte officiel, remplace la publicité d'une cérémonie. Le consentement des parents de la jeune fille ne semble pas non plus être requis, même s'il s'agit d'une mineure.

dont elle n'a pas eu d'enfants. La femme s'enfuit et va vivre avec un autre homme qui lui donne au moins trois enfants, elle doit être considérée comme valablement mariée au second mari pourvu qu'elle restitue au premier tous les biens lui appartenant qu'elle aurait pu emporter dans sa fuite (P. M., art. 20).

TITRE III

LA FEMME DANS LA FAMILLE

DROITS ET DEVOIRS RESPECTIFS DES ÉPOUX

A. **Le devoir de cohabitation.** — Il n'est pas douteux que le mariage astreint les époux à vivre ensemble. Si cette obligation n'est posée nulle part en tant que principe, elle résulte nettement des dispositions détaillées de la *Laxana Poua Mia* et la *Laxana Lak Pa* qui ont trait aux moyens de ramener au domicile conjugal la femme qui l'a quitté.

Nul ne peut donner asile à une femme qui a abandonné le domicile de son mari. Tout homme qui connaît le mari doit ramener la femme au domicile conjugal et tout homme qui ne le connaît pas, doit faire savoir aux autorités administratives qu'une femme mariée s'est réfugiée chez lui (P. M.. art. 22. 24. — L. P.. art. 29).

Toute personne qui désobéit aux prescriptions de la loi, encourt une amende (L. P., art. 27, 34). D'autre part, toute personne qui ramène à un mari sa femme a droit à une récompense (L. P., art. 27, 34).

Les père et mère de la femme en fuite ne peuvent

pas, sans commettre une faute, lui donner asile pendant un temps supérieur à un mois (P. M., art. 22).

Le mari lui aussi ne peut quitter le domicile commun, et sa femme peut lui faire sommation d'y revenir ; mais la loi néglige d'organiser des moyens pratiques pour l'y contraindre. La femme ne peut que recourir au divorce et la menace d'user de ce moyen extrême peut parfois exercer sur le mari un effet salutaire.

Le mari qui a plusieurs femmes n'est pas obligé de les avoir toutes dans la même maison ; il peut leur assigner des domiciles séparés. En ce cas il doit aller habiter à chacun de ces domiciles successivement : c'est ainsi que le devoir de cohabitation se trouve rempli (arrêt de la *Dika*, n° 628, année 121 — 1902).

B. Le devoir de fidélité. — La polygamie fait de la fidélité un devoir qui ne s'impose qu'à la femme. De nombreuses dispositions de la *Laxana Poua Mia* lui défendent l'adultère (P. M., section A, art. 9, 10, 11, 16, 17, 18, 20, 25, 29, 30, 33, 37, 39, 49, 50, 53, 56, 63, 84, 86, 102, 114, 115, 116).

L'adultère de la femme n'est pas un délit pénal et nous chercherions vainement pour ce délit, dans la législation siamoise, les peines d'emprisonnement ou d'amende qui sont encore inscrites dans notre Code pénal. Le nouveau Code pénal siamois ignore le délit d'adultère et les sanctions de l'adultère de la femme sont purement civiles. C'est d'abord une cause de divorce au profit du mari, et c'est là une matière que nous retrouverons au cours de cette étude. Il en est une autre : c'est la confiscation au profit du mari de tous les biens de la femme. Le mari seul peut agir en justice et dans les trois mois à dater du jour où il a connu les faits.

On admet enfin généralement que le mari surprenant sa femme en flagrant délit d'adultère pourrait la tuer sans encourir aucun châtiment, à la condition qu'il ait essayé de tuer aussi le complice. A la vérité, le Code pénal siamois est muet sur ce motif d'excuse, mais la jurisprudence a admis qu'il n'avait pas implicitement abrogé la *Laxana Poua Mia* dont les dispositions formelles sur ce point sont maintenues (P. M., art. 10, 37, 39, 48, 53, 63, 84).

La femme adultère doit être rendue à son mari qui la réclame à moins qu'elle se refuse à vivre avec lui (P. M., art. 10, 18, 25, 56); si le mari, au contraire, la chasse, il doit lui donner seulement un *pha-noung*[1] et un *pha-hom* (P. M. art. 10).

C. **Le devoir d'assistance.** — Le devoir d'assistance est réciproque; il s'impose à chacun des époux (P. M., art. 85). En règle générale, c'est cependant au mari qu'incombe le soin de pourvoir aux besoins de sa femme (P. M., art. 55, 74); un article de la *Laxana Poua Mia* précise même que, si la femme était envoyée par son mari chez ses parents pour y être soignée,

---

[1] Le *pha-noung*, en français « langouti », fait partie du vêtement siamois. C'est une pièce d'étoffe qui est enroulée de telle manière qu'elle forme une sorte de culotte. Ce vêtement est porté par les femmes et par les hommes.

Le *pha hom* est une pièce d'étoffe dont les femmes s'entourent le buste.

c'est le mari qui devrait supporter les frais occasionnés pour ces soins P. M., art. 122 « parce que les filles, quand elles sont jeunes, sont à la charge de leurs parents et que, lorsqu'elles ont une maison séparée, elles sont à la charge de l'homme qui est leur mari ».

Avec la coexistence, dans un ménage de plusieurs femmes, on se demande si le mari est tenu de fournir à chacune d'elles les mêmes ressources, ou si chaque femme a droit à un traitement correspondant à son rang : c'est à ce dernier parti que se range la loi, et elle édicte explicitement que la femme première a droit à des ressources qui doivent être le double de celles allouées à chacune des femmes secondaires P. M., art. 74 .

D. **La puissance maritale**. — Le principe de la puissance maritale est nettement posé par les textes P. M., art. 79 . Le mari occupe donc vis-à-vis de la femme une situation prééminente sans que, cependant, il possède au point de vue de la gestion des biens un pouvoir aussi fort et aussi exclusif que celui qui lui est reconnu par le droit français. Examinons en détail chacun des faits qui peuvent être considérés comme des conséquences de la puissance maritale.

La femme est d'abord astreinte à obéir à son mari et celui-ci est même autorisé à la corriger dans certaines circonstances, quand elle agit mal (P. M., art. 60[1],

---

[1] Un mari et une femme vivant ensemble, si la femme commet une faute, et si le mari la corrige en la frappant, que celle-ci ne cherche pas à punir son mari.

Si cette femme se laisse aller à l'injurier, que pour obtenir

quand il veut l'empêcher de frapper une femme qu'elle
soupçonne avoir commis l'adultère avec son mari
(P. M., art. 34 : cependant le mari n'a pas un droit
discrétionnaire et il lui est défendu de maltraiter sa
femme (P. M., art. 26, 58 ; s'il se livre à des mauvais
traitements sur sa personne, il doit payer soit à elle-
même, soit à ses parents (P. M., art. 26), des dommages
et intérêts, enfin il s'expose à une demande en divorce,
et si les coups donnés constituent des sévices, à un châtiment pénal. Un arrêt de la *Dika* n° 541, année 2454
(1911) déclare en effet : « Le mari, en frappant sa
femme, lui a fracturé le bras, il doit être puni »; et un
autre, n° 216, année 2458 (1915) : « Le mari, en frappant sa femme, lui a fait de nombreuses ecchymoses,
nous jugeons que le divorce doit être prononcé et que
le mari doit payer des dommages et intérêts à sa
femme. »

Le mari possède un droit de contrôle sur les relations
de sa femme, mais il ne saurait lui interdire de fré-
quenter ses père et mère et ses parents. la *Laxana
Poua Mia* stipule expressément (art. 57, 58, 61, 118)
que le mari doit se montrer respectueux à l'égard des
parents de sa femme. Si un membre de la famille de la
femme (notamment un parent âgé) intervient dans une
querelle entre les époux et que le mari l'injurie, il doit
lui faire des excuses et, si elles sont acceptées, le mari
sera considéré comme réconcilié avec sa femme
(P. M., art. 57; on peut aussi lui demander de prendre

son pardon, elle lui offre du riz et des fleurs; c'est ainsi qu'elle
doit agir.

l'engagement de se bien conduire P. M., art. 56 ; faute de s'excuser, ou de consentir à prendre cet engagement, ou l'ayant pris de le tenir, la femme peut demander le divorce P. M., art. 61 .

Au cas enfin où le mari aurait gravement insulté les parents de sa femme, ceux-ci peuvent confisquer tous les biens appartenant au couple, les donner à la femme et chasser le mari. Si la femme préfère suivre son mari, ces biens seront confisqués au profit des parents, mais ils devront en assurer la garde et le soin au profit des petits-enfants P M., art. 57) s'il en existe.

La femme prend le nom de son mari. Le nom de famille est de création récente, et l'usage n'en est pas encore généralisé. Dans les rapports de la vie juridique il n'est pas d'un emploi courant, et bien des contrats sont encore conclus où les parties ne sont désignées que par leur nom personnel.

Au point de vue de la nationalité, la femme suit la condition de son mari : toute femme qui épouse un siamois est siamoise. Toute siamoise mariée à un étranger ne prend pas cependant *ipso facto* la nationalité de son mari, elle ne perd sa nationalité siamoise pour prendre celle de son mari que si la législation de celui-ci confère à la femme étrangère la nationalité du mari. Loi du 22 mars 2456 [1914].

Un des effets les plus importants, en tout cas le plus caractéristique, de notre droit français est, dans notre régime légal, la concentration dans les mains du mari de tous les pouvoirs d'administration des biens communs et des propres de la femme. C'est en somme le mari, sauf l'exception concernant le libre salaire de la femme mariée posée par la loi du 13 juillet 1907, qui tient seul dans le ménage le rôle d'administrateur. Nous savons bien qu'il est à ce principe des atténuations : la femme est autorisée à contracter dans l'intérêt du ménage et elle use tous les jours de ce droit, mais il n'en est pas moins vrai que cette exception est entourée par la jurisprudence de tant de prudentes restrictions que le principe reste à peu près entier.

En droit siamois la femme jouit d'une autonomie beaucoup plus large. Il faut d'ailleurs distinguer entre la femme première et les femmes secondaires. Pour celle-là, c'est à l'article 17 de la *Laxana Kou Ni*, nous le savons, qu'il faut se référer. Il pose le principe que si une femme première a emprunté de l'argent et que le créancier n'ait pas fait connaître sa créance au mari, celui-ci sera tenu seulement du capital et non des intérêts. Si la femme première possède ainsi le droit d'emprunter, il lui est facile de faire des dépenses même exagérées à la condition de payer comptant avec les fonds qu'elle se sera procurés. Pour les achats faits à crédit on admet que la femme agit comme mandataire du mari pour les besoins du ménage.

La situation du mari par rapport aux femmes secondaires est meilleure, il ne saurait être tenu des dettes contractées par les femmes de cette catégorie que si l'emprunt a été effectué avec son consentement. (K. N., art. 15.)

D'autre part, la femme, quel que soit son rang, qu'il s'agisse d'une femme première ou d'une femme secondaire, conserve sa pleine capacité en ce qui concerne ses propres biens, c'est là un fait qui mérite d'être souligné.

Cette capacité de contracter se complète d'ailleurs du droit d'ester en justice qu'elle possède dans sa plénitude.

Notons enfin que la femme mariée n'est pas astreinte, comme cela se voit dans maints pays où règne la polygamie, à vivre confinée dans un harem. Elle sort librement, et depuis quelques années on voit même la femme première figurer dans les cérémonies officielles aux côtés de son mari. Elle jouit dans la famille d'une influence morale considérable, aucune décision importante n'est prise sans son avis, elle est véritablement pour le mari une associée dans la gestion des intérêts familiaux.

TITRE IV

SITUATION RESPECTIVE DES ÉPOUX
DANS LE RÉGIME MATRIMONIAL

La législation siamoise ne connaît pas la liberté des conventions matrimoniales. elle impose un régime unique qui ne correspond à aucun des régimes types décrits par notre Code civil. Il représente quelque chose d'hybride dont les éléments peuvent se trouver dans nos différents régimes.

CHAPITRE PREMIER

LE RÉGIME LÉGAL

Ce n'est pas par leur nature que les biens sont classés au point de vue matrimonial ; si la législation siamoise connaît la classification en meubles et immeubles, elle ne l'utilise pas en notre matière.

C'est la date d'acquisition avant ou pendant le mariage qui fournit le critérium.

Trois catégories de biens sont habituellement distinguées :

1° Les *sin-deum* [1]. Ce sont les propres biens du mari et de la femme; entendons par là tous les biens de toute nature [2] leur appartenant au jour du mariage (P. M., art. 64); cela comprend tous les présents qui peuvent leur être faits pour leur mariage.

2° Le *thoun* [3]. C'est un capital apporté par les époux en mariage pour subvenir aux besoins du ménage. C'est une sorte de dot, au sens ordinaire du mot. Le *thoun* est considéré comme *sin-som-rot* pendant le mariage et soumit de ce fait à l'administration du mari.

3° Les *sin-som-rot* [4] se composent de tous les biens acquis durant le mariage : provenant de donations ou

[1] Le mot *sin-deum* vient de *sin* qui veut dire *biens* et de *deum* qui signifie *commencement*.

Ce sont donc les biens possédés par les époux au commencement du mariage, donc acquis antérieurement à celui-ci

[2] La maison conjugale, *reuon ho*, qui est habituellement construite, comme nous l'avons dit, pendant la durée des fiançailles, est considérée comme un *sin-deum* de la jeune fille ou du mari selon que l'argent nécessaire à sa construction a été fourni par l'un ou l'autre des époux.

Si le *reuon ho* a été édifié par la collaboration matérielle et pécuniaire des deux parties, elles en sont copropriétaires dans la mesure de leurs prestations respectives. Cette part de propriété est un *sin-deum* (*Dika*, n° 590, année 128 [1909] :

« Un gendre et un beau-père ont mis ensemble leur travail et leur capital pour construire un *reuon ho* dans le terrain du beau-père, il y a ensuite un divorce. Ce *reuon ho* ne doit pas être considéré comme la propriété du beau-père seul, le gendre en a une part. »

[3] Le mot *thoun* signifie capital.

[4] Le mot *sin-som-rot* vient de *sin* biens et de *som-rot* qui veut dire *s'unir*, ce sont les biens de l'union, les biens communs aux époux.

d'héritages, de dons du roi (P. M., art. 64, 72) ; il comprend aussi les revenus des *sin-drum* de chacun des époux.

4° Enfin, on peut distinguer une quatrième catégorie de biens[1], ce seraient les biens personnels de la femme. Cette distinction est d'origine doctrinale, elle est inspirée par le désir de réserver à la femme un ensemble de biens qui seraient confiés à l'administration de tierces personnes, notamment à ses parents, et de les soustraire ainsi à l'action même indirecte du mari. De cette façon la femme échapperait aux sollicitations du mari qui est naturellement porté, lorsqu'il reste dans une situation difficile, à demander à sa femme la disposition de ses *sin-drum* pour rétablir ses affaires.

D'autre part, les revenus de ces biens constitueraient pour la femme des ressources dont elle aurait la libre disposition.

Enfin, ces biens ne seraient pas menacés par les saisies éventuelles des créanciers du mari.

Les nécessités de la vie commune peuvent amener les époux à faire changer ces biens de catégories ou en faire des biens de nature mixte.

C'est, par exemple, un terrain qui a été acheté durant le mariage avec l'argent personnel de l'un des

---

[1] Cette quatrième catégorie de biens n'existe pas dans la loi. Elle a été imaginée, selon nous, sous l'influence d'idées anglaises après la réforme réalisée en Angleterre en 1882.

Le droit anglais est, en effet, au Siam, très répandu, en raison de la présence au barreau de Bangkok de plusieurs avocats anglais et du fait que la plupart des magistrats ayant étudié le droit en Europe ont fait leurs études en Angleterre.

époux : le terrain ainsi acquis sera considéré jusqu'à concurrence de la somme fournie comme un *sin-deum*, pour le surplus il est un *sin-som-rot :* en cas de divorce cet immeuble sera vendu et les sommes provenant de la vente seront réparties proportionnellement à l'époux propriétaire des fonds et à la masse des biens *sin-som-rot*. Arrêt de la *Dika*, n° 306, année 120. [1901.

La *Laxana Poua Mia* (section A., art. 74), astreint les époux à établir une preuve écrite de la consistance de leurs *sin-deum*. Cet écrit doit porter une estimation de leur valeur. Malheureusement la prescription de la loi est tombée en désuétude et un décret royal de l'année 1166 (1804) en constatant le fait, a autorisé la preuve orale. De cette absence d'écrits naissent d'interminables procès d'autant plus difficiles à trancher que les témoins sont souvent obligés de faire appel à des souvenirs qui remontent à de nombreuses années.

Connaissant maintenant comment est réglé le sort de l'avoir des époux, il convient de nous occuper des dettes qu'ils ont pu contracter avant le mariage.

Leur sort est réglé de la façon suivante (K. N., art. 16) :

« Si celui des époux qui n'a pas contracté la dette refuse de la reconnaitre, le créancier pourra seulement saisir les *sin-deum* de son débiteur (arrêt de la *Dika*, n° 207, année 122 [1903]) ; si au contraire, l'époux non débiteur reconnait la dette, le créancier peut saisir tous les *sin-som-rot*, et s'ils ne suffisent pas à le payer, il peut saisir, en outre, les *sin-deum* du mari et de la femme et chacun pour moitié.

CHAPITRE II

ADMINISTRATION ET DISPOSITION DES DIFFÉRENTES SORTES DE BIENS

Le mari et la femme gardent l'un comme l'autre la pleine capacité de disposer de leurs *sin-dœum*. Pour la femme en particulier, la *Dika* a jugé dans un arrêt, n° 911, année 2457 (1914) que « la femme a le droit de disposer de ses *sin-dœum* en faveur de qui bon lui semble, le mari ne peut s'y opposer ».

Il semble bien aussi que la femme administre ces mêmes biens, car il a été jugé qu'elle peut en confier l'administration à des tiers. La même loi a, en effet, jugé dans un arrêt, n° 640, année 131 (1912) : « Une femme peut confier ses biens *sin-dœum* à sa grand'-mère et le mari n'a pas le droit de les réclamer à celle-ci. »

Le mari possède seul en principe le droit d'administration et de disposition des *sin-som-rol* et aussi du *thoun*, c'est un droit qu'il exerce sans le concours de la femme.

La *Dika* a tranché nettement ce point dans un arrêt, n° 485, année 2457 (1914) : Un mari avait vendu à réméré des biens *sin-som-rol*, la femme n'a pas été admise à soutenir qu'elle pouvait revendiquer la part de ces biens susceptible de lui échoir par la dissolution du mariage.

Quant aux biens personnels de la femme, pour ceux qui distinguent cette quatrième catégorie, ils sont évi-

demment soumis à l'administration et à la disposition
exclusive de celle-ci.

Déterminons maintenant comment chaque époux,
séparément ou tous deux conjointement, peut engager les différentes catégories de biens que nous avons
distinguées.

A. Dettes contractées conjointement. — Dans
ce cas, le créancier non payé pourra saisir non seulement les *sin-som-rot*, mais aussi les *sin-dœum* de
chacun des époux, la saisie toutefois sur chacun des
sin-dœum ne pourra excéder la moitié du montant de
la dette (K. N., art. 12 et 13).

B. Dettes contractées par le mari seul. — Toutes
les dettes contractées par lui pour les besoins du ménage doivent être considéréescomme communes entre
le mari et la femme (arrêt de la *Dika*, nº 130, année 118
[1899] ; nº 240, année 120 [1901]) ; les droits du créancier seront donc les mêmes que s'il s'agissait d'une
dette conjointe. Au contraire, les dettes non contractées pour les soins du ménage doivent être payées seulement sur les *sin-dœum* du mari, et non sur les *sin-
som-rot* ni sur les *sin-dœum* de la femme[1] (K. N.,
art. 18).

C. Dettes contractées par la femme seule. —
Nous savons déjà qu'il faut distinguer selon qu'il s'agit
de dettes contractées par la femme première ou par
des femmes secondaires.

1° La femme première peut contracter des dettes

[1] Les dettes de jeu par exemple.

sans le consentement du mari (K. N., art. 17), mais le
mari n'est tenu que du capital et non de l'intérêt ;
le créancier non payé pourra donc saisir tous les *sin-
som-rot* et les deux *sin-dœum* (du mari et de la femme)
pour se payer du capital, mais c'est sur les *sin-dœum*
de la femme seule qu'il pourra pratiquer une saisie
pour les intérêts.

Si le mari a connu l'emprunt et n'a pas fait d'objec-
tion, il devient responsable pour les intérêts sur les
sin-som-rot, et, un cas d'insuffisance, sur ses *sin-dœum*
qui peuvent être saisis pour la moitié des intérêts (*Dika*, n° 379, année 123 [1904] ; n° 705, année 125 [1906].

L'idée qui est la base de cette jurisprudence est que
la qualité de femme première implique pour celle qui
l'a obtenue la confiance du mari. Il faudrait, nous
croyons, admettre que le mari serait tenu, sans espoir
de réduction, de payer tous les achats, même fort exa-
gérés, dépassant les moyens du ménage que la femme
aurait pu faire. La *Laxana Kou Ni* précise bien, dans
son article 18, que la responsabilité du mari n'est enga-
gée que s'il s'agit d'*une dette contractée pour les
besoins du ménage*. En réalité, cette garantie ne joue
pas, puisqu'un bailleur de fonds ne peut savoir quel
emploi sera fait par la femme de l'argent prêté et que
la loi ne lui fait même aucune obligation de s'inquiéter
de leur destination. En pratique, les intérêts du mari
sont toujours sacrifiés à ceux des créanciers.

Le mari, enfin, et cette obligation se fonde sur son
devoir d'assistance, est tenu de toutes les dettes contractées par ses femmes (quel que soit leur rang) pour
subvenir à leur nourriture, leur permettre d'acheter

les vêtements qui leur sont indispensables, ou se faire donner des soins en cas de maladie. C'est ce que nous explique l'article 199 de la *Laxana Poua Mia* : « Un homme a demandé une jeune fille, elle est mariée et habite une maison séparée, elle tombe ensuite malade et est soignée par ses père et mère; que le mari rembourse les frais nécessités pour ces soins, car si les jeunes filles, quand elles sont jeunes, sont à la charge de leurs parents, quand elles vivent à part avec leur mari, c'est lui qui leur doit des soins. »

En matière de délits, le mari est responsable de ses femmes, les dommages et intérêts auxquels elles peuvent être condamnées sont payables sur les *sin-som-rot*, mais doivent être finalement supportés par les *sin-derum* de la femme (P. M., art. 72).

En résumé, les pouvoirs du mari sur les *sin-som-rot* sont, en pratique, très affaiblis par la latitude laissée à la femme première de contracter des dettes sans son consentement. Grâce à ce détour, la femme se trouve exercer une influence considérable sur les destinées du ménage. Le mari même répond sur ses propres *sin-derum* des dettes de sa femme première. Une telle organisation ne peut fonctionner que si une parfaite entente règne entre les époux, et que si la femme première a la pleine confiance de son mari.

La femme, enfin, a des pouvoirs extrêmement étendus sur ses *sin-derum* dont elle a la libre disposition. Elle ne court des risques qu'en les prêtant à son mari; alors ils sont soumis aux revers de fortune de celui-ci, car la jurisprudence admet que, dans le cas de faillite, ils peuvent être saisis par les créanciers du mari.

TITRE V

DES MOYENS QUE POSSÈDENT LES ÉPOUX
POUR METTRE FIN AU MARIAGE : LE DIVORCE

Le divorce au Siam est d'une extrême facilité, beaucoup trop grande à notre avis. Plus de stabilité dans les unions serait certainement très profitable à la famille. Du moins la jeune fille jouit-elle d'avantages à peu près égaux à ceux de l'homme, et la répudiation telle que les lois mosaïque et musulmane la connaissent est-elle ignorée du droit siamois. Dans les divorces judiciaires, la jurisprudence a plutôt une tendance à accorder très facilement à la femme le divorce qu'elle demande.

Le droit siamois connaît trois sortes de divorces :

1° Le divorce par consentement mutuel;

2° Le divorce par la volonté non concomitante de l'un et de l'autre des époux ;

3° Le divorce prononcé par les tribunaux.

1° DIVORCE PAR CONSENTEMENT MUTUEL. — Le droit siamois admet que ce qui a été fait par la commune volonté des époux peut être défait par cette même volonté. C'est la résiliation du contrat par accord des parties *(Dika* 326, année 120 [1901] : il faut ranger à part une série de cas dans lesquels la femme ne fait qu'apporter son adhésion à la volonté du mari préalablement manifestée.

En cas de volonté concomitante, cet accord peut prendre la forme d'un écrit, et le divorce a pour point de départ le moment de la signature de cet écrit P. M., art. 65-67 ; *Dika* n° 89, année 196 1907]. Il peut aussi prendre la forme d'une offre écrite du mari, acceptée par la femme verbalement devant témoins; l'acceptation de l'offre de l'un quelconque des époux peut même résulter de la conduite de l'autre époux P. M., art. 66 .

Enfin, ce divorce par consentement peut résulter d'une déclaration verbale faite par les époux soit en présence d'un vieillard ou d'un fonctionnaire, à la condition qu'ils partagent immédiatement leurs biens réunis par le mariage P. M., art. 138).

Une déclaration sans partage ne produirait aucun effet, et un partage sans déclaration serait également inefficace (*Dika*, n° 37, année 123 [1904], et n° 416, année 125 [1905].

Si, enfin, d'accord avec son mari, une femme se retire dans un couvent, le mariage prend fin.

2° DIVORCE PAR LA VOLONTÉ NON CONCOMITANTE DE L'UN ET DE L'AUTRE DES ÉPOUX. — Le consentement des époux, avons-nous dit, peut se manifester d'une façon non concomitante. En voici quelques exemples : le mari quitte le domicile conjugal et va vivre ailleurs, la femme, si cette absence se prolonge, peut divorcer en faisant remettre à son mari ses biens personnels : *sin-dœum* et *thoun* ; qu'il les accepte ou non, il y a divorce accompli. Le mari reste-t-il introuvable, ces biens peuvent être remis à quelqu'un de sa famille ; si cette personne accepte, il y a divorce, si elle refuse, la femme devra faire connaître ces faits à un fonctionnaire ou à un vieillard et il y aura également divorce. Si le mari ne possède ni *sin-dœum*, ni *thoun* il suffira que la femme informe un fonctionnaire ou un vieillard de son intention pour qu'il y ait divorce (P. M., 49, *Dika*, n° 89, année 125 [1906]).

L'abandon du domicile conjugal doit avoir une certaine durée pour que la femme puisse en faire état pour divorcer.

Cet abandon devra être d'autant plus long que le mari sera allé se fixer plus loin du domicile conjugal ; la loi gradue ces délais jusqu'au maximum de quatorze mois.

Il faut trois mois de non présence du mari pour une distance d'un jour, six mois pour trois jours, huit mois pour sept jours, douze mois pour quinze jours, quatorze mois pour un mois[1]. Si le mari, en quittant sa femme, a emporté ses *sin-dœum* et non le *thoun*, la femme peut aussi, après que le délai légal s'est écoulé, restituer le *thoun* au mari ou à une personne de sa famille et, qu'il soit accepté ou non, il y a divorce (P. M., art. 50[2]).

---

[1] Ces distances sont calculées par journée de marche.

[2] Il est à noter que la loi ne prévoit pas l'hypothèse où le mari est parti emportant tout ce qui lui appartient et cette lacune législative amène à penser que la femme serait alors obligée de recourir au divorce judiciaire.

Si le mari, en quittant le domicile conjugal, a coupé
« les piliers de sa maison[1] », après un délai de quinze
jours, la femme peut divorcer en faisant parvenir au
mari ou à quelqu'un de sa famille le *thoun* et le *sin-
deum* P. M., art. 51. Si le mari n'a aucun bien, elle
devra faire connaître son intention à un fonctionnaire
ou à un vieillard, et elle se trouvera divorcée.

Il est cependant quelques cas où la seule volonté de
l'un des époux provoque la dissolution du mariage.
C'est ainsi que le mari peut se retirer dans un couvent.
Cet acte entraîne le divorce *ipso facto*, et la femme
peut se remarier comme il lui plaît. Mais si elle a
attendu que son ex-mari revienne à l'état laïque[2] et s'ils
ont repris la vie commune, ils sont considérés de nouveau comme mari et femme exactement comme s'ils
n'avaient jamais divorcé P. M., art. 37, 38.

Il existe un cas où la seule volonté de la femme
entraine également le divorce, c'est lorsque, ayant
quitté son mari sans avoir eu d'enfant de lui, elle est

---

[1] Pour comprendre qu'une maison puisse être aussi facilement
détruite il faut savoir que les maisons siamoises anciennes sont
des constructions légères en bois, édifiées sur des piliers à 1 m. 50
du sol. Elles sont facilement démontables et la loi considère ces
constructions comme des « meubles ». Il est presque superflu de
dire que l'on construit maintenant au Siam de solides maisons
de briques, ce qui a pour conséquence de supprimer pour les
maris l'usage d'un moyen de divorce.

[2] Les prêtres bouddhistes vivent en communauté autour des
pagodes. Beaucoup d'entre eux, après un séjour au monastère,
reviennent à l'état laïque. Quelquefois le temps pendant lequel
ils doivent être prêtre est déterminé à leur entrée au couvent, et
à l'époque indiquée, ils sont libres de reprendre leur existence
habituelle.

allé vivre avec un autre homme et a eu de ce dernier au moins trois enfants. Elle doit être considérée alors comme déliée de son premier mariage et mariée à ce second mari (P. M., art. 20).

C'est là une particularité curieuse qui révèle chez le législateur siamois une conception nettement matérialiste du mariage, la procréation des enfants restant une fin essentielle de l'union des époux.

3° DIVORCE PRONONCÉ PAR JUSTICE. — Ces divorces ont généralement pour cause des manquements de l'un ou de l'autre des époux aux obligations qui résultent du mariage, dont la constatation ne peut être faite que par les tribunaux. Dans le cas de divorce par consentement mutuel, les époux peuvent cependant avoir recours à une instance judiciaire pour faire constater par jugement qu'un certain délai est bien écoulé, ou pour substituer une décision judiciaire à la déclaration qui, selon la loi, doit être faite à un fonctionnaire ou à un vieillard.

Dans les hypothèses que nous avons indiquées, les époux peuvent donc choisir la voie judiciaire. Nous dirons même que la tendance actuelle est en ce sens.

On le fera presque toujours dans deux cas que nous aurions pu tout aussi bien rattacher au paragraphe précédent, c'est lorsqu'il s'agit de l'absence du mari. La loi distingue deux hypothèses.

a) Le mari est parti dans les limites du royaume, mais n'a pas envoyé de ses nouvelles à sa femme : après un an de silence, celle-ci a le droit de divorcer.

Si le mari a envoyé de ses nouvelles, mais n'est pas

rentré au domicile conjugal depuis trois ans, après ce délai, le divorce est également de droit pour la femme.

b) Autre hypothèse. Le mari, cette fois, a quitté le royaume, la femme obtiendra le divorce après un délai de trois ans; si on apprend qu'il a été capturé par des pirates, ou que la jonque sur laquelle il naviguait a été poussée par les vents sur les rivages d'un pays en état de guerre, le délai est prolongé, et c'est après sept ans seulement que la femme pourra faire prononcer le divorce (P. M., art. 62). Sans doute, suppose-t-on que dans la première alternative le mari est mort, tandis que dans la seconde il existe en sa faveur des chances de vie.

Les autres causes qui peuvent donner lieu à un divorce judiciaire sont très nombreuses.

En fait, c'est le plus souvent la femme qui s'adresse à la justice, et la jurisprudence accueille assez facilement sa requête.

La femme pourra obtenir le divorce pour sévices, lorsque le mari, nous avons signalé ce cas ailleurs, a abusé de son droit de correction; lorsqu'il a traité sa femme, d'une façon habituelle, sans égards : c'est presque le motif d'injures graves de notre droit français (P. M., art. 26, 58, 70); s'il a manqué de respect aux père et mère de la jeune fille, ou à un de ses parents âgés (P. M., art. 57, 58).

Dans toutes ces hypothèses, la femme peut essayer d'obtenir de son mari qu'il améliore sa conduite et lui faire prendre l'engagement écrit de ne plus retomber dans les mêmes fautes; si le mari ne tient pas parole, elle n'a plus à recourir à la justice, elle peut divorcer en lui rendant ses *sin-dœum* et en le chassant de la maison conjugale. (P. M., art. 57, 58, 61, 107.)

Si le mari a été condamné pour crimes, la femme obtiendra le divorce. D'une façon générale, les vices du mari, le jeu, la débauche et l'ivrognerie sont aussi des motifs de divorce. Le mari, d'ailleurs, pourrait, dans les hypothèses où la femme serait en proie aux mêmes passions, obtenir des tribunaux la dissolution du mariage.

Signalons enfin deux autres cas assez spéciaux. Voici la première espèce : Un homme a obtenu une jeune fille en mariage, et elle trouve dans la maison conjugale une femme antérieurement épousée, dont l'existence ne lui avait pas été révélée, il y aura divorce si la femme le demande (P. M., art. 112).

La seconde espèce est la suivante : Un homme s'apitoie sur la situation malheureuse d'une femme et l'épouse en lui promettant de lui venir en aide. S'il ne tient pas sa promesse, s'il néglige de la secourir, la femme pourra demander le divorce.

Toutefois, s'il a fait cependant quelque chose pour elle, et si un enfant est déjà né de cette union, le divorce ne pourra être prononcé (P. M., art. 141).

Nous ne saurions terminer l'examen des causes de divorce sans mentioner que le mari peut toujours obtenir le divorce pour adultère de la femme.

TITRE VI

DES EFFETS DE LA DISSOLUTION DU MARIAGE

Le mariage peut finir par la mort de l'un des deux conjoints, ce mode de dissolution n'appelle aucune explication spéciale.

Nous nous contenterons donc d'en indiquer les effets en ayant soin de noter dans quelle mesure ils peuvent être différents selon qu'il s'agit d'une dissolution par le décès de l'un des conjoints ou d'une dissolution par divorce.

A. **Effets quant à la personne des époux.** — La veuve ou divorcée reprend sa complète liberté. Elle peut librement se remarier sans observer aucun délai de viduité. Tout au plus la veuve est-elle astreinte à la fidélité vis-à-vis de son mari défunt tant que le corps de celui-ci se trouve encore dans la maison conjugale [1].

Elle reprend sa nationalité d'origine quand, mariée à un étranger, elle s'est trouvée acquérir la nationalité

---

[1] Les Siamois pratiquent la crémation des cadavres qui a lieu ordinairement de longs mois après le décès.

L'obligation établie par la loi peut donc durer assez longtemps, car les cadavres placés dans une urne ou dans un cercueil sont conservés dans les maisons jusqu'à cette cérémonie.

de celui-ci par le fait du mariage. Elle exercera vis-à-vis de ses enfants, ou, dans le cas de divorce, vis-à-vis de ceux qui lui sont confiés, tous les attributs de la puissance paternelle.

L'attribution des enfants à l'un ou l'autre des parents divorcés est rarement faite par les tribunaux, le plus plus souvent un accord amiable intervient sur ce point entre les parties, les tribunaux n'ont pas d'ailleurs une liberté absolue en cette matière : ils doivent se conformer aux principes pris dans un Décret royal de 1227 (1865).

Le mari aura la charge des jeunes filles, tandis que les garçons seront attribués à la femme. Cependant si le mari a dans la noblesse un rang supérieur à sa femme, il pourra, s'il lui plaît, conserver la garde de tous les enfants. En fait, c'est la première de ces dispositions qui est le droit commun.

On la justifie habituellement en disant que l'éducation des jeunes gens est moins coûteuse que celle des jeunes filles.

Cela est certainement vrai dans un pays essentiellement agricole, où le jeune garçon est capable de rendre des services plus précoces et plus importants qu'une jeune fille.

La femme divorcée pour cause d'adultère peut librement se marier avec son complice ; la loi siamoise n'a jamais connu des dispositions analogues à celles stipulées pendant longtemps par la loi française.

B. **Effets quant aux biens des époux**. — La dissolution du mariage amène la liquidation des biens réunis pendant le mariage, elle s'effectue différemment selon qu'il s'agit d'une dissolution par décès ou par divorce.

1° LIQUIDATION APRÈS DÉCÈS. — Il faut distinguer deux situations selon que c'est le mari ou la femme qui survit :

a) Si c'est le mari qui meurt le premier, le principe est que chacun des époux reprend ses apports, nous entendons par là ses *sin-dœum* et le *thoun;* ceux du mari iront à ses héritiers tandis que la femme reprendra les siens.

Cette reprise se fera en nature si les biens existent encore. Dans le cas contraire, les époux auront le droit d'en reprendre la valeur sur les *sin-som-rot;* en cas d'insuffisance de ceux-ci, chacun des *sin-dœum* sera remboursé proportionnellement à sa valeur.

Toutefois, la loi prévoit des circonstances où cette récompense n'aura pas lieu : lorsqu'un des époux a disposé des *sin-dœum* de son conjoint avec le consentement de celui-ci et qu'ils ont été perdus; il en est de même lorsque ces *sin-dœum* ont été perdus par son propriétaire en intentant une action criminelle, ou en faisant un procès d'héritage infructueux, ou bien lorsqu'ils ont été donnés en présent à des parents.

Si le mari a disposé des *sin-dœum* de sa femme sans son consentement, celle-ci a droit à récompense sur les *sin-som-rot.*

Quant aux *sin-som-rot,* rappellons qu'ils comprennent tous les acquêts, les biens survenus par succession ou donation étant inclus, ils seront partagés, deux tiers au mari, et un tiers à la femme si tous deux ont apporté des *sin-dœum*, ou s'ils n'en ont apporté ni l'un ni l'autre.

Si la femme seule a apporté des *sin-dœum*, le partage sera d'un tiers pour le mari et de deux tiers pour la femme (P. M., art. 68).

Que se passe-t-il si les biens ont, par la volonté des époux, passé d'une catégorie à l'autre et se trouvent par ce fait avoir grossi soit les *sin-dœum* de l'un d'entre eux, soit les *sin-som-rot* communs? En d'autres termes les époux peuvent-ils sur les biens apportés en mariage se faire des donations?

Le droit siamois ne résout pas la question dans toute son ampleur, mais il connaît en matière de propriété immobilière un principe qui permet aux époux de se faire des libéralités en biens de cette nature.

Ce principe peut se formuler ainsi : toute personne dont le nom figure dans un titre de propriété est propriétaire du terrain ou de l'immeuble immatriculé dans ce titre.

Les époux pourront substituer le nom de l'un à celui de l'autre[1], faire des *sin-dœum* de l'un, les *sin-dœum* de l'autre ou bien encore faire des *sin-dœum* un bien *sin-som-rot* en substituant au nom unique de l'un des

---

[1] Depuis le décret royal du 3 mai 1901 un système foncier inspiré de l'Act Torrens a été établi. Chaque parcelle de terrain est représentée par un titre de propriété tenu en double, un original est déposé au bureau des titres de propriété, un autre est entre les mains du propriétaire. Toutes les mutations et les hypothèques, les dations à bail pour plus de trois ans, sont inscrites sur ces deux documents.

époux le nom des deux époux conjointement. De telles combinaisons sont possibles et laissent aux époux les moyens de s'avantager l'un l'autre, puisque la jurisprudence considère comme propriétaire véritable de l'immeuble la personne dont le nom figure dans le titre sans qu'on soit autorisé à administrer la preuve contraire.

Enfin, la jurisprudence met hors du partage la maison dans laquelle vit une femme secondaire : cette maison doit être considérée comme une propriété particulière de celle-ci.

b) Si c'est le mari qui survit, le partage n'obéit pas aux mêmes règles.

La question de savoir si la femme n'a pas d'enfants vivants au moment de la dissolution, doit être prise en considération, et la loi fait à la femme une situation moins favorable qu'à l'homme.

Si la femme n'a pas de descendants vivants et si les *sin-som-rot* ne représentent pas en valeur le double des *sin-dœum* du mari et de la femme réunis, les *sin-dœum* de la femme et les *sin som-rot* reviennent au mari seul ; si cette valeur est égale ou supérieure à deux fois les *sin-dœum* réunis, les *sin-dœum* de la femme seront attribués à ses parents tandis que le mari conservera toute la communauté.

S'il n'y a pas de descendants et si la femme n'a pas apporté des *sin-dœum*, toute la communauté appartient également au mari.

S'il existe des descendants, le partage se fera selon des dispositions législatives récentes (loi de 121 (1902) art. 2) par moitié au mari et aux descendants.

2° LIQUIDATION APRÈS DIVORCE. — Le principe est que chacun des époux reprend ses *sin-dœum*, tandis que les *sin-som-rot* sont partagés deux tiers au mari et un tiers à la femme, sauf dans le cas où la femme seule a apporté des *sin-dœum :* celle-ci reçoit alors les deux tiers des *sin-so-mrot*. Tout cela n'a rien de bien nouveau ; c'est encore la même règle que lorsqu'il s'agit de dissolution par décès de l'un des conjoints.

Il y a cependant des particularités en notre matière.

Notons, cela est intéressant au point de vue de l'amélioration de la condition de la femme, que jadis la femme, ou plutôt ses parents devaient rendre au mari le *sin-sot* c'est-à-dire la somme payée par le mari aux parents de la femme au moment du mariage : un décret royal de l'année 119 (1900) les a dispensés de cette obligation.

Le *khan mak*, ou sa valeur, doit être rendu au mari par la femme, sauf lorsque la femme a donné le jour à quatre enfants (P. M., art. 49) ou lorsque le mari a quitté sa maison en coupant les piliers et en emportant ses biens (P. M., art. 51). Certaines fautes du mari améliorent la situation de la femme au point de vue du partage des biens *sin-som-rot* et la loi lui alloue alors une quotité supérieure à titre de dédommagement.

Le mari a-t-il abandonné sa femme, ou l'a-t-il chassée sans raisons (P.M., art. 55) ; a-t il, ayant épousé une nouvelle femme, maltraité la femme épousée précédemment (P. M., art. 70), les biens *sin-som-rot* doivent alors être partagés par moitié entre les époux.

Le mari a-t-il été chassé par les parents de la femme pour avoir commis un crime, ou les avoir blessés sérieusement. et a-t-il refusé de faire des excuses. tous les biens du ménage. les *sin-dœum* et les *sin-som-rot* seront attribués à la femme.

D'autres faits peuvent exercer leur action sur le partage des biens du ménage. L'époux qui a essayé de tromper l'autre au sujet du montant de ses *sin-dœum* est puni. et tous les biens *sin-som-rot* vont alors à l'époux victime (P. M.. art. 73 .

Si enfin le mari entre dans un couvent. sans avoir partagé ses biens (P. M.. art. 37 . tous les biens du ménage *sin-dœum* et *sin-som-rot* sont attribués en totalité à la femme.

Le divorce produit encore. relativement aux biens, d'autres effets : il amène la révocation des donations immobilières que les époux ont pu se faire durant le mariage. cette conséquence résulte formellement d'un arrêt de la Cour suprême d'appel du Siam *(Dika)* en date de l'année 2456 1913). En cas de divorce, l'application de la loi sur les titres de propriété est écartée, et il n'est pas tenu compte du nom des époux figurant dans le titre. mais de la nature des biens en question. Tout changement de nom consenti par un époux au profit de l'autre se trouve donc sans effet. La révocation légale de ces donations par l'application stricte de la loi sur les titres de propriété, n'est d'ailleurs aucunement liée à la question de savoir aux torts duquel des époux le divorce a été prononcé.

Sauf dans les hypothèses que nous avons énumérées, les torts de l'un ou de l'autre des conjoints n'exercent aucune influence sur le partage des biens.

La législation siamoise ne laisse subsister entre les époux, après le divorce, aucune obligation alimentaire.

L'obligation du mari de subvenir aux besoins de sa femme est éteinte. et même au profit d'une femme dans le besoin dont le divorce a été prononcé à la suite des fautes commises par le mari seul.

TITRE VII

DES DROITS SUCCESSORAUX DES EPOUX

A. Droits de la femme sur les biens du mari.
— La femme, ou plus exactement les femmes jouissent,
en dehors de la part qu'elles peuvent avoir dans les
acquêts du mariage, d'avantages successoraux.

La loi siamoise divise la succession du mari en plusieurs parts, chaque part étant attribuée à une classe
d'héritiers. Il y a trois classes d'héritiers qui sont :

Les parents et les ascendants formant une classe;
l'époux, une autre classe, et les autres parents, c'est-à-
dire les enfants et les collatéraux, une troisième. Dans
certains cas une quatrième part est constituée au profit
de l'Etat. Toutes ces parts sont égales en principe
(M. 3 et 51).

L'Etat n'a droit à sa part que s'il s'agit de la succession d'un homme d'un certain rang, ayant 400 raïs[1] de
terrain ou au dessus; c'est donc dans cette seule hypo-

---

[1] Il s'agit d'une propriété toute nominale. Chaque patente
royale conférant la noblesse attribue à celui qui en est le bénéfi-
ciaire une certaine superficie de terrain, d'autant plus grande
qu'il a un rang plus élevé. Le raï équivaut à 1.600 mètres carrés.

Cette attribution de terre devait être jadis effective; à l'heure
actuelle elle ne sert plus qu'à classer les nobles entre eux.

thèse que la succession doit être divisée en quatre parts.

Nous négligerons ce cas que nous notons seulement pour être complet, les successions où l'Etat n'a pas de part étant certainement et de beaucoup les plus nombreuses.

Raisonnons donc dans l'hypothèse où il n'existe que trois classes d'héritiers ; un tiers, en ce cas, avons-dit, est attribué à la femme ou aux femmes. Cette part est la part minima, elle peut être en effet augmentée par l'inexistence de l'une ou de l'autre ou même des deux autres classes d'héritiers.

Si la classe des ascendants n'est pas représentée, la succession se partagera par moitié entre la femme (ou les femmes) et les parents (descendants ou collatéraux). Le même résultat se produira si c'est la classe des parents qui est défaillante. Enfin, s'il n'existe ni ascendants, ni parents, la succession tout entière ira aux femmes.

Il est nécessaire de distinguer deux sortes de parents : les proches parents, qui comprennent les descendants, les frères et sœurs germains et leurs descendants, et les parents éloignés, c'est-à-dire tous les autres parents.

L'absence de parents proches provoque la dévolution de leur part aux deux autres classes d'héritiers, mais l'absence d'ascendants et l'inexistence de proches parents ne peut provoquer la dévolution de leur part à la classe des femmes. les parents éloignés viennent alors à la succession et elle est partagée. En d'autres termes, ascendants et femmes sont préférés aux parents éloignés en l'absence de proches parents, mais en l'absence d'ascendants les femmes ne sont pas préférées aux parents éloignés.

Sont considérés comme parents éloignés : les frères et sœurs consanguins et utérins ainsi que leurs descendants et à leur défaut les parents collatéraux, c'est-à-dire les oncles paternels et maternels et leurs descendants.

La part attribuée à la classe des femmes ayant été déterminée, il nous reste à exposer comment cette part se divise entre les femmes au cas où elles sont plusieurs à venir à la succession du mari prédécédé.

Nous avons déjà signalé qu'il existait une classification des épouses en matière successorale, classification particulière qui se fonde sur le mode de mariage de la femme, et non, contrairement à ce qui se passe en matière de partage de communauté, sur le rôle dévolu à la femme dans le ménage pendant le mariage.

La femme donnée par le roi a droit à trois parts et demie, la femme mariée par ses parents, c'est-à-dire après la cérémonie du *Khan-Mak* à trois parts, la femme donnée par le roi à la demande du *de cujus* à deux parts et demie, chaque femme secondaire à une part et demie [1].

Notons qu'une femme appartenant à l'une quelconque des catégories énumérées n'a droit à sa part légale

---

[1] Si le ménage est composé de trois femmes, l'une a trois parts et demie et les deux autres ont une part et demie ; la part globale des femmes dans la succession que nous supposons être de 6.500 ticaux se divisera ainsi :

3.500 ticaux à la femme de la première catégorie et 1.500 à chacune des deux autres femmes.

que si elle est mariée depuis trois ans ; si elle est
mariée depuis un temps moindre, elle ne reçoit qu'une
demi-part[1] (M. art. 5 et 6).

Si toutes les femmes du *de cujus* ont été épousées
par cohabitation, la part attribuée à la classe des femmes
se partage entre elles par fractions égales.

Tels sont les droits successoraux de la femme, ils
sont d'une importance considérable surtout dans l'hypothèse d'un mariage monogamique ; tels qu'ils sont
cependant, le bénéfice n'en est pas garanti à la femme.

Le droit successoral siamois, en effet, ne reconnaît
à aucun héritier, quel qu'il soit, la qualité de réserva-
taire et la femme peut donc être dépouillée par la
volonté testamentaire de son mari[2]. Telle est la situation théoriquement ; en fait, nous sommes en une
matière dominée par les mœurs, et celles-ci n'autorisent guère le mari, sauf pour des raisons majeures,
à user au détriment de ses femmes de la liberté que lui
laisse la loi.

Tandis que certaines législations, la législation française, par exemple, reconnaissent aux époux des droits
égaux sur la succession de celui qui prédécède, la
législation siamoise règle différemment les droits successoraux de la femme et ceux du mari. Quels sont
donc les droits du mari sur la succession de sa femme

---

[1] Peut-être faut-il trouver ici la trace d'un état de choses antérieur qui subordonnait la perfection du mariage à une cohabitation d'une certaine durée.

[2] Si le mari déshérite sa femme, celle-ci peut être laissée dans
le dénûment absolu, car la loi ne lui reconnaît aucune créance
alimentaire sur la succession.

prédécédée ? C'est une question à laquelle il nous faut maintenant répondre. De ce parallèle seulement pourra se dégager une vision exacte de la situation de la femme ; la comparaison fera nettement apparaître lequel des deux époux se trouve avantagé.

B. **Droits du mari sur les biens de la femme.** — Aux cas de prédécès de la femme, plusieurs cas doivent être distingués [1] :

Existe-t-il des descendants de la femme décédée, ses biens (il faut entendre par là, les *sin-deum*, le *thoun* y compris le tiers des *sin-som-rot* qui lui échoit dans le partage de la communauté, reviennent par moitié au mari et à ses descendants (arrêt de la *Dika*, n° 45, année 125 [1906]).

S'il n'y a pas de descendants, une sous-distinction s'impose selon qu'elle a apporté ou non des *sin-deum* en mariage. En l'absence de *sin-deum*, ses biens vont en totalité au mari [2] (arrêt de la *Dika*, n° 734, année 121 [1902] et n° 276, année 124 [1904].

Si la femme a apporté des *sin-deum*, il faut procéder à une évaluation : la valeur de la totalité des biens apportés en mariage par les deux époux est-elle ou n'est-elle pas inférieure à la valeur du tiers des biens communs *sin-som-rot* au moment du décès de la femme ? Si elle est inférieure, le mari recevra la totalité des biens de la femme [2] (arrêt de la *Dika*, n° 654,

[1] La loi sur l'héritage a été modifiée par une loi supplémentaire de l'année 121 [1902], dont les articles 1 et 2 règlent les cas que nous envisageons ici.

[2] Les biens personnels, ceux que nous avons rangés dans une quatrième catégorie, iront à la famille de la femme.

année 121 (1902) et n° 593, année 126 (1907) : si elle est égale ou supérieure, les *sin-dœum* de la femme iront aux descendants ou autres parents, tandis que le mari aura pour lui tous les *sin-som-rot* (arrêt de la *Dika*, n°ˢ 343 et 398, année 122 (1903] ; 788, année 124 (1905] ; 644, année 126 (1907]).

Il convient de rappeler que, si la femme décédée était une jeune fille enlevée de force ou ayant quitté la maison paternelle pour vivre avec un homme comme mari et femme, et si elle ne laisse pas d'enfants, tous ses biens reviennent à ses parents (M. art. 21).

La loi sur l'héritage (art. 20), prévoit une hypothèse assez curieuse et y donne une solution qui répond à une organisation de la famille remontant vraisemblablement à une époque assez ancienne. C'est le cas où, bien que mariée, la femme vivrait dans la maison de ses parents, tous ses biens alors doivent revenir à ceux-ci. Le texte justifie cette solution en disant que la femme, bien que mariée, en habitant sous le toit de ses parents ; reste soumise à leur puissance. Cette idée n'est pas sans rapport avec la coutume siamoise qui veut que les époux vivent séparément, habitent ce *reuon ho* dont la construction jadis précédait toujours la célébration du mariage.

Aujourd'hui ce texte ne serait certainement pas appliqué, et toute femme mariée conformément à la loi, serait considérée comme étant en puissance de mari, et il faudrait se référer purement et simplement aux règles ordinaires.

TITRE VIII

EXAMEN CRITIQUE ET RÉFORMES LÉGISLATIVES

Le principe du droit siamois qui fait de la femme, hors des liens du mariage, un être de pleine capacité, n'ayant rien à envier à l'homme, n'appelle guère de commentaires. Tout au plus peut-on souligner que, contrairement à l'évolution européenne en cette matière, les professions libérales n'ont pas été ouvertes à l'activité féminine. Pour nous, nous ne le regrettons pas, et nous ne pensons pas que le besoin d'une semblable réforme se fasse sentir au Siam. Sans être un esprit timoré ou rétrograde, on peut se demander si dans notre pays le législateur fait preuve d'une bien grande sagesse en donnant à la femme des moyens de se faire une vie libre et indépendante. Car enfin, sauf dans des cas exceptionnels, est-il de l'intérêt d'une nation d'offrir à tant de jeunes filles l'occasion de se soustraire au mariage? Tel est bien le résultat trop fréquemment obtenu. Et si même il y a mariage, la femme pourra-t-elle à la fois exercer sa profession et remplir ses devoirs d'épouse et de mère? L'expérience des faits montre clairement qu'il faut répondre négativement et que les unions sans enfants, ou ayant

un petit nombre d'enfants, sont trop souvent celles où
la femme est enlevée à sa fonction normale, à son
ménage, à son foyer. L'expérience a donc été faite,
elle est concluante ; l'ayant faite nous-mêmes et à nos
dépens, il ne sied point d'inviter autrui à nous imiter.

La matière du mariage peut donner lieu à de nombreuses réflexions.

C'est faire un vœu assez vain que de demander la
suppression de la polygamie dans l'état actuel des
mœurs. Une intervention législative serait un remède
pire que le mal : elle risquerait, sans réussir à supprimer l'union polygame, de priver les femmes secondaires, en les transformant en de simples maîtresses, de
tous les avantages que la loi leur reconnait. C'est sur les
mœurs qu'il faut agir pour rendre une réforme législative utile et effective. L'opinion a été saisie de l'importance de cette question de l'abolition de la polygamie
par un article, paru le 1er mai 1918, dans la revue
Vidhyacharn, intitulé : « Le signe de la civilisation
ou le statut des femmes », émané d'une plume émi-
nemment compétente[1]. L'auteur insiste sur ce fait que
la polygamie est incompatible avec l'amélioration défi-
nitive et complète du sort de la femme ; tant qu'elle
subsistera, la femme restera un être subordonné et
dépendant, une chose de plaisir créée pour la fantaisie
de l'homme. Seule la monogamie permet le plein épa-
nouissement de la personnalité féminine. Et l'auteur

[1] La plus grande partie de cet article écrit en siamois a été
traduite en anglais et publiée dans le *Bangkok Daily Mail* du
30 mai 1918, sous le titre : « The status of women in Siam. »

montre aux classes aristocratiques l'exemple de ce qui se passe dans les campagnes, où le mariage polygame est inconnu. Là, il y a entre l'homme et la femme association véritable, communauté de pensées, communauté de labeur, de joies et de peines, et des liens d'affection durable attachant, l'un à l'autre, les deux époux.

Un tel appel sera certainement entendu, et il répond sûrement au vœu des générations nouvelles. Si on ne peut bouleverser l'état de choses actuel, on est en droit d'espérer que, dans quelques décades, la transformation des mœurs permettra d'inscrire dans la loi, comme mariage unique, le mariage monogame.

A la polygamie se rattache d'une façon intime la question de la classification des épouses : celle-là disparaissant, entrainerait la suppression de celle-ci. En attendant, des améliorations ne sont-elles pas possibles ?

Nous avons montré que, de trois classifications, une seule a un fondement rationnel : celle qui distingue la femme première et la femme secondaire. Les deux autres ne pourraient-elles pas être sacrifiées ? Cela parait d'autant plus facile qu'elles ne sont pas sans point de contact. Nous avons constaté qu'en fait la *femme du milieu* et la femme première sont, l'une comme l'autre, issues du mariage avec cérémonies ; d'autre part, s'il est possible, en théorie, qu'il y ait plusieurs *femmes du milieu*, en pratique, il n'y en a qu'une.

D'ailleurs, le bon sens populaire a déjà fait justice de ces classifications compliquées. Nous pouvons bien faire appel à lui, puisque c'est dans la masse populaire que, comme le langage, s'élabore le droit en formation. Or, il est certain que l'homme du peuple actuel, ou même toute personne non initiée au droit, ignore ces appellations de *femmes du milieu, femmes de l'extérieur*, que nous avons empruntées à la *Laxana Poua Mia*. La constatation de cette ignorance ne témoigne-t-elle pas que cette classification, dont personne ne peut expliquer clairement l'origine, ne correspond plus à l'état actuel des mœurs, qu'elle doit être ensevelie dans ce musée de l'histoire d'où elle ne pourra plus exercer sa tyrannie sur les vivants ?

Selon nous, une seule classification serait donc maintenue, celle de la loi sur les dettes.

Un des gros reproches que l'on peut faire à la loi siamoise en ce qui concerne la célébration du mariage, est de considérer cette célébration comme une affaire tout à fait privée, à laquelle l'État ne s'intéresse pas, et dont, par conséquent, il ne se soucie pas de conserver la preuve. Il n'existe pas de preuve préconstituée du mariage, de là des procès possibles et qui, en fait, se produisent, pour déterminer s'il y a ou non mariage. Dans le mariage avec cérémonies, les contestations sont difficiles, la cérémonie a eu lieu devant un grand nombre de personnes et c'est un fait facile à établir. Mais, par contre, qui ne voit combien le mariage par cohabitation est difficile à prouver? Est-ce une simple union de fait, s'agit-il de gens vivant maritalement ou bien sommes-nous en présence d'un mariage véritable, de gens vivant ensemble avec *affectus maritalis?* Le point ne peut être tranché que par des enquêtes, enquêtes longues et incertaines dans lesquelles la femme doit peiner et lutter pour défendre ses droits, pour prouver qu'elle est épouse véritable.

L'enregistrement obligatoire des mariages, tel qu'il est déjà pratiqué par certaines administrations, devrait être généralisé, ce serait non seulement une œuvre d'ordre public utile, révélant aux tiers, qui ont intérêt à le connaître, l'état de mariage des époux ; nous ajouterons, pour rester fidèle à la position que nous avons prise dans cette étude, qu'elle serait aussi une sauvegarde, une protection pour la femme. Nous ne verrions plus ces procès lamentables dans lesquels la femme doit plaider contre les héritiers de son compagnon d'existence défunt, pour établir qu'elle est bien l'épouse de celui qui est disparu. Cet enregistrement pourrait avoir lieu au moment de l'entrée en ménage sur la déclaration conjointe des époux devant un officier public.

Le contrat de fiançailles, bien que d'une conception assez archaïque, est combiné d'une façon assez favorable à la femme, tout y est arrangé de façon que l'homme soit obligé d'être fidèle à la parole donnée. La perte du *thong man*, qui est la sanction de la violation du contrat, constitue pour les parents de la jeune fille une indemnité forfaitaire du préjudice causé. Jusqu'à présent, le droit siamois ne connaît pas, fort heureusement, ces procès, qui prennent en Angleterre un caractère plus ou moins scandaleux, où une fiancé évincée vient demander aux tribunaux une compensation pécuniaire pour la bonne affaire manquée.

Les devoirs engendrés par le mariage qui s'imposent aux époux ressemblent assez à ceux qui résultent de notre mariage français. N'oublions pas toutefois, tant est essentiel le fait de la polygamie, que le devoir de fidélité manque de réciprocité. Tandis que la femme en est tenue, l'homme en est affranchi. Ce qui, à mon avis, rend cette inégalité particulièrement choquante, c'est que la coutume siamoise se montre très sévère dans l'appréciation des faits constitutifs de l'adultère féminin. Un simple *flirt* pourra, pour un tribunal siamois, permettre d'inférer l'adultère. N'est-ce point excessif? Et ne trouvons-nous pas dans cette constatation la vérification d'un fait bien connu : c'est que dans un pays de polygamie la femme est jalousement gardée, surveillée. Le Siam n'a jamais connu le harem, il ne connaît plus le gynécée antique. Mais cette suspicion qui plane sur la femme à propos d'actes qui nous paraîtraient bénins, n'est-elle pas une survivance de cette idée, chère aux pays polygames, qu'il faut faire bonne garde autour de la femme. N'est-il pas possible de lui faire confiance davantage et faut-il, en pareilles circonstances, avoir recours au divorce et la frapper pour une peccadille de ce dur châtiment civil, qui est la confiscation de ses biens?

L'autorité du mari sur la personne de la femme ne prend-elle pas une forme un peu archaïque quand elle se manifeste par le châtiment corporel? La jurisprudence, nous l'avons dit, veille rigoureusement à ce que la correction ne dégénère jamais en sévices; mais est-ce là une restriction suffisante et ne faut-il pas franchement souhaiter l'abrogation d'un principe qui, en assimilant la femme à un enfant, est contraire à sa dignité et par cela même au développement normal et complet de sa personnalité. Toutefois, pour apprécier avec équité ce droit du mari, il faut se rendre compte des difficultés que celui-ci peut rencontrer dans sa tâche de chef d'un ménage, où vivent côte à côte plusieurs femmes. Ce droit de correction ne peut être, après tout, qu'un moyen de police brutal, mais énergique, pour faire régner l'ordre dans sa maison.

Le droit du mari présente encore un caractère excessif en ce qui concerne les moyens dont il dispose pour contraindre sa compagne à regagner le domicile conjugal qu'elle a quitté. Il possède, en effet, une sorte de droit de suite sur la personne de sa femme; on a blâmé justement chez nous l'usage de la contrainte physique pour ramener au domicile commun la femme qui l'a abandonné. Les mêmes reproches peuvent être faits au système siamois. L'intervention des tiers qui doivent user de la force pour remettre au mari la femme qui s'est échappée est particulièrement fâcheuse. Lorsqu'une femme s'enfuit, il se peut qu'elle obéisse à un juste ressentiment : c'est une vie intolérable qu'elle veut fuir, un mari brutal dont elle veut s'éloigner. A quoi servira la force, sinon à ajouter une souffrance à d'autres souffrances, sinon à donner les apparences de raison à un mari dont la cause est cependant mauvaise, à assurer, en attendant le divorce fatal, la suprématie de sa volonté? Personne ne peut prétendre que le mari, en pareil cas, mérite l'aide de la loi. L'attitude de la femme peut être aussi dictée par des raisons moins graves : cette fuite peut être un acte de légèreté, de jeunesse, que la réflexion peut lui faire regretter. Croit-on que l'intervention d'étrangers qui agiront d'office, puisque la loi leur en fait une obligation, et l'humiliation de cette sorte de capture, ne fourniront pas à la femme des griefs, et que l'amour-propre blessé ne l'empêchera pas de reconnaître sa faute et de solliciter ce pardon qui doit conduire les époux à la reprise de la vie normale?

D'ailleurs, demander l'abrogation de cette prescription légale est aussi une revendication d'équité puisque, si la femme a le droit de faire sommation à son mari de regagner le domicile commun, la loi ne met à sa disposition aucune force matérielle pour assurer la réalisation de son désir.

De tous les reproches que nous avons pu faire jusqu'à présent à la législation siamoise actuelle, aucun n'atteint le degré de gravité de celui que nous allons lui adresser maintenant : nous voulons parler de l'abus du divorce. Nous considérons le divorce, tel qu'il est pratiqué actuellement au Siam, comme un fléau qui peut mettre gravement en danger la société. A notre avis, l'instabilité des unions est un mal grave qui atteint aussi bien, mais peut-être à un degré moindre, nos sociétés occidentales, et dont la femme, cela n'est que trop certain, est, sinon l'unique, du moins la principale victime.

Les causes de divorce sont multiples, au point que celui qui veut s'évader du mariage n'a guère de difficultés à en sortir; ainsi s'établit à côté de la polygamie concomitante une polygamie successive plus dangereuse peut-être pour la femme que la première.

D'abord il ne paraît guère douteux que le principe du divorce par consentement mutuel ne soit fâcheux. Il est mauvais que des époux, en se mariant, aient l'idée que leur union n'a pas un caractère définitif, que ce que leur consentement a édifié peut être détruit par le même moyen. Cette perspective du divorce facile ne jette-t-elle pas un discrédit sur le mariage, ne lui enlève-t-elle pas ce caractère de sérieux et de gravité qui astreint ceux-là mêmes qui vont l'accomplir à la réflexion, à la prudence, au désir de s'entourer de toutes les garanties susceptibles d'assurer la réussite de leur entreprise? Néfaste au moment de la conclusion du mariage, l'idée du divorce possible ne l'est pas moins au cours de la vie commune, elle encourage les égoïsmes individuels, elle affaiblit l'effort de chacun vers l'entente, elle diminue le désir de transaction, de concessions mutuelles qui dans le mariage, plus encore que dans toute association, est indispensable à la bonne harmonie.

Le divorce par consentement mutuel n'est donc pas recommandable, il est à condamner législativement; le divorce prononcé par la justice suffit amplement à donner aux époux qui se sont fourvoyés dans une union malheureuse le moyen d'en sortir. Le recours nécessaire à une procédure, la crainte d'exposer à la curiosité publique des affaires intimes, découragent fort opportunément les plaideurs dont les griefs ne sont pas véritablement sérieux.

Au divorce par consentement mutuel proprement dit se rattachent ces cas où le divorce résulte de certains actes du mari, tel que l'abandon par lui du domicile conjugal, suivis d'une manifestation de volonté de la femme. Pratiquement, ce mode de divorce ne correspond plus à la vie moderne, il est très défavorable à la femme, car celle-ci, en dehors d'une preuve orale incertaine, aura toujours des difficultés à prouver qu'elle a entendu profiter du départ de son mari pour mettre un terme à l'union conjugale. D'autre part, si on entre dans le détail, on constate que les délais qui doivent s'écouler entre le jour où le mari a quitté le domicile commun et celui où la femme peut être considérée comme divorcée, sont véritablement excessifs : dans l'hypothèse inverse, en effet, de la femme quittant le domicile conjugal, le mari peut, lui, obtenir judiciairement le divorce dans un temps beaucoup plus court.

Sur le divorce prononcé par la justice, il y a peu à dire sinon à joindre nos doléances à celles d'un ancien ministre de la justice, le prince Kabi, sur la facilité avec laquelle les tribunaux l'accordent particulièrement à la demande des femmes[1]. Comme lui, il nous faut d'ailleurs noter que cette faiblesse, critiquable au point de vue général, est cependant toute empreinte de commisération pour elles. Le droit à la polygamie incite bien des hommes à avoir plus de femmes que ne le leur permettent leurs moyens, et ces malheureuses femmes n'ont d'autre ressource que de solliciter un divorce qui est une délivrance ; il est, dans ce cas, assez difficile de tenir rigueur à la justice d'accueillir favorablement leur requête.

---

[1] *Commentaires sur diverses lois*, p. 89.

Quel que soit le mode de divorce envisagé, le droit
siamois, à l'exemple du droit romain, ne laisse subsister aucune obligation alimentaire entre les époux.
C'est là un fait très regrettable, particulièrement
dur pour la femme. La femme non coupable se trouve
ainsi placée dans une situation extrêmement rigoureuse. Il n'est pas douteux que le futur code, pour se
mettre sur ce point au niveau des législations européennes, accueillera le principe généralement admis
qui oblige l'époux coupable, par le paiement d'une pension alimentaire, à réparer dans une certaine mesure
le préjudice que ses torts ont causé à son innocente
victime.

En cas de divorce, la législation siamoise semble
révoquer toutes les donations que les époux ont pu se
faire entre eux pendant le mariage. On connaît l'hypothèse, il ne s'agit que des donations immobilières faites
indirectement par insertion du nom de l'un ou des
deux époux dans un titre de propriété concernant un
immeuble donné; en cas de divorce ces donations
tombent. Ceci résulte d'un jugement de la *Dika* concernant une dissolution du mariage par décès; cet
arrêt décide que dans l'espèce, « comme il ne s'agit
pas de divorce, la loi sur la propriété doit être appli-
quée, » c'est-à-dire qu'on ne peut administrer la
preuve que la propriété primitive des biens n'appar-
tenait pas à la personne ou aux personnes désignées
dans le titre. C'est sur cette simple phrase qu'on fonde
la révocation des donations immobilières en cas de
divorce; peut-être des espèces viendront-elles faire
préciser la pensée de la Cour suprême? En tout cas, ne

serait-il pas désirable que de pareilles donations faites à l'époux non coupable fussent maintenues? Notre système français, adopté d'ailleurs en plusieurs pays, mériterait d'être accueilli par la jurisprudence et de trouver sa place dans la législation à venir.

Il nous reste à examiner maintenant si des modifications ne pourraient pas être utilement apportées au régime matrimonial, plus particulièrement en ce qui concerne la femme.

Le droit siamois ne connaît qu'un régime matrimonial unique : le régime légal. Quelques modifications peuvent cependant, semble-t-il, y être apportées dans le partage des biens communs par un accord rédigé avant le mariage, mais nous chercherions vainement dans la loi un principe analogue à celui qui est inscrit dans l'article 1387 du Code civil proclamant la liberté des conventions matrimoniales. Faut-il le regretter? Nous le croyons, car, aussi bien combiné que puisse être un régime légal, il offre le défaut grave de ne pouvoir être adapté aux convenances particulières, d'empêcher par sa rigidité invariable toutes combinaisons de clauses susceptibles d'amener des progrès juridiques, et ceci dans une matière où l'influence des rédacteurs d'actes est nécessairement considérable. Le principe de la liberté des conventions matrimoniales mériterait dor. de trouver sa place dans la législation qui verra le jour prochainement, cela est certain; on se prend cependant à douter que les mœurs se prêtent jamais à l'utilisation de cette faculté, quand on sait que l'inventaire des apports des époux a cessé d'être rédigé et qu'une loi a dû en supprimer la nécessité. Il nous semble cependant

qu'il faut être optimiste, car la situation actuelle n'est
plus celle du moment où cette loi a été rendue: l'enri-
chissement d'une certaine classe de la société est réel
et, avec lui, la coutume de doter les filles plus largement
commence à apparaître. Alors se présente inévitablement le besoin de régler l'usage et la disposition des
sommes importantes que la jeune fille apporte dans le
ménage. Nous savons que, mariée, la femme garde le
droit de disposer de ses *sin-drum*, elle n'est pas pro-
tégée contre elle-même, et cette liberté peut être émi-
nemment dangereuse si elle appartient à une personne
inexpérimentée. Comment pallier à cet inconvénient,
sinon par des clauses de contrat de mariage appropriées?

D'autre part, la doctrine semble regretter que les
revenus des *sin-drum* de la femme tombent en communauté, et on a édifié la théorie des propres **de la**
femme, propres hors mariage, dont les revenus lui sont
personnels, propres dont l'administration peut être
confiée à des tiers, notamment à ses parents. La jurisprudence elle-même, dans un souci d'équité, et bien
que la loi soit muette sur l'existence de ces sortes de
paraphernaux, n'a pas hésité à déclarer que les biens
acquis par une femme abandonnée de son mari, donc
gagnés par sa seule industrie, ne sont pas des biens
communs, des *sin-som-rot* ; ce sont donc, conclut-on,
des propres hors mariage. Il y a là certainement en
germe l'idée de la fortune séparée de la femme, l'idée
de gains personnels à la femme.

Tout cela montre, à notre sens, l'insuffisance du
régime légal en ce qui concerne la protection de la
femme et la nécessité qu'il y a, si on veut le maintenir

tel quel, d'avoir la possibilité de combiner d'autres
régimes matrimoniaux, soit pour protéger la femme
contre elle-même en rendant ses biens indisponibles.
soit pour soustraire certains biens revenus qui tombent
en communauté, *sin-dœum* saisis dans la faillite du
mari à ces éventualités de l'existence commerciale qui
amènent parfois la ruine totale d'une famille tout
entière.

L'admission dans la législation de plusieurs régimes
matrimoniaux. la liberté des conventions de mariage
pour en permettre la combinaison ne serait pas encore
suffisante, le régime légal tel qu'il existe devrait subir
de nombreuses retouches. Voyons quels sont les points
défectueux.

La composition des biens communs, d'abord, n'est-
elle pas trop compréhensive et ne conviendrait-il pas
d'éliminer de cette catégorie les biens échus aux époux
au cours du mariage par donation ou succession? Est-il
vraiment équitable, par exemple, que tous les biens
provenant de donation et succession, c'est-à-dire dont
l'acquisition est absolument étrangère à l'activité commune des époux, tombent cependant en communauté,
fassent partie des *sin-som-rot?* Si l'on réfléchit, d'autre
part. que la part attribuée à la femme sur ces *sin-som-
rot* est d'un tiers seulement quand les deux époux ont
apportés en mariage chacun des *sin-dœum*, on constate
que la femme qui a recueilli une grosse succession au
cours du mariage se trouve dépouillée au profit du mari.
Sur ce point même, c'est le régime légal qu'il faudrait
modifier en réservant le caractère personnel à tous les
biens échus aux époux par donation ou succession.

L'attribution légale de ces biens telle qu'elle existe actuellement peut avoir des effets désastreux sur la conclusion des mariages, elle est une prime non point aux coureurs de dot, mais aux coureurs de succession de moralité peu délicate. Un homme peu scrupuleux épousera une jeune fille dans l'expectative d'une grosse succession qui doit lui échoir, et il lui sera facile, avec les multiples causes de divorce que connaît la législation siamoise, de mettre fin à une union conjugale devenue sans intérêt le jour où la succession sera tombée dans l'avoir commun.

Sur la proportion fixée pour le partage des *sin-som-rot*, il y a plusieurs observations à présenter, car la femme est peu favorisée. Ainsi, en cas de prédécès du mari, la part de celui-ci est des deux tiers, celle de la femme d'un tiers seulement. Cette attribution récompense-t-elle, d'une façon équitable, l'activité déployée respectivement par chacun des époux pour assurer la prospérité du ménage?

Le rôle de la femme n'a-t-il pas une valeur contributive plus grande que celui qui est fixé par la loi, le partage par moitié ne s'impose-t-il pas quand, comme cela arrive souvent au Siam, la femme est commerçante aux côtés de son mari et travaille autant que lui à l'acquisition et au développement de la fortune commune? On objectera que l'on peut, par convention faite au moment du mariage, modifier la part de chacun des époux dans les *sin-som-rot*; on peut répondre qu'à ce moment-là il n'est pas toujours possible de prévoir quelle sera l'importance de la collaboration de la femme dans les affaires communes. L'existence d'un mode de partage plus favorable lorsque la femme a seule des *sin-dœum*, c'est-à-dire un tiers au mari seulement, et deux tiers à la femme, pèche par un autre excès, car il attache à la possession d'un capital primitif une importance exagérée, et l'activité du mari n'est pas appréciée à sa juste valeur. D'autre part, ce dernier a pu recueillir un héritage au cours du mariage et avoir, en fait, plus que la femme, enrichi la communauté, il se trouvera alors, au moment du partage, perdre une forte partie de la fortune dont il a fait bénéficier le ménage.

Dans le cas du prédécès de la femme, l'homme est plus favorisé que celle-ci, au cas de prédécès de son mari, puisque dans l'hypothèse qui lui est la moins avantageuse, c'est-à-dire lorsqu'il y a des descendants, il reçoit toujours la moitié des biens communs. Le législateur assure donc à l'homme une situation privilégiée.

Toute cette question du partage de la communauté entre les époux mériterait donc une revision sérieuse avec le souci de maintenir entre les droits des époux un équilibre suffisant, et le désir de donner à la femme des droits pécuniaires plus en harmonie avec la place grandissante qu'elle occupe dans la société actuelle.

La femme est également dépourvue de toute sûreté pour garantir les créances éventuelles qu'elle peut avoir au moment de la dissolution du mariage à l'encontre de son mari. Si donc ses *sin-dœum* ont été employés par le mari dans ses affaires, elle n'a, par rapport à lui, que les droits d'un créancier ordinaire.

Elle ne jouit non plus d'aucune faculté de renonciation à la communauté et n'a donc aucun moyen de retrouver ses reprises en répudiant les actes d'une administration qui n'est pas son fait.

Elle ne possède enfin aucun moyen de recourir à la séparation de biens pour sauver sa fortune menacée par l'incapacité ou la malchance de son mari; sa position se rapproche ici de celle de la femme anglaise : elle subit les conséquences de sa décision, elle a mis ses biens propres à la disposition de son mari, elle ne saurait s'en plaindre qu'à elle-même. Ce système est évidemment très empreint de l'idée de responsabilité et, à cet égard, très favorable au développement de l'individualité de la femme; mais est-il très humain? Ne pèche-t-il pas par excès de dureté en refusant à la femme un moyen de pallier les effets malheureux d'une décision suscitée par l'affection et prise sans doute beaucoup plus sous l'action du sentiment, ou même sous la pression du mari, qu'à la suite d'un froid et libre examen des réalités. Notre loi française nous paraît plus pitoyable, plus juste. Et puis, avec la facilité d'obtenir la dissolution du mariage, ne craint-on pas qu'en l'absence de la séparation de biens on ne recoure aux solutions extrêmes: au divorce? Peut-être, sur ce point, des améliorations sont-elles possibles, et conviendrait-il de donner à la femme une meilleure protection contre les suites fâcheuses des actes d'administration du mari: ainsi se trouveraient compensées les conséquences de l'inévitable principe qui fait que, dans cette association à deux, le mari est le chef.

Après avoir insisté sur les améliorations législatives susceptibles d'augmenter les droits de la femme, il convient aussi de dire quelles restrictions il serait dé-

sirable d'apporter à ceux qu'elle possède actuellement.
Pour nous, nous trouvons le mari assez durement traité
quand on le rend responsable de toutes les dettes contractées par sa femme première. Nous savons bien
qu'il s'agit de dettes contractées pour les besoins du
ménage, mais en fait la tendance est d'interpréter la
formule d'une façon très large et de sacrifier le mari
aux tiers. Comment en serait-il autrement, puisque la
loi ne vise pas seulement les dettes résultant de four-
nitures faites pour le ménage, mais l'emprunt de sommes d'argent. Le créancier qui avance des fonds à une
femme mariée, n'a évidemment aucun moyen de
s'assurer de leur emploi, et la loi ne lui en fait d'ailleurs
pas l'obligation. Dans ces conditions, la responsabilité du mari est toujours mise en cause et il n'a d'autre
ressource le plus souvent que de payer, se trouvant dans
l'impossibilité d'établir que le prêteur savait que ces
fonds n'étaient pas destinés aux besoins du ménage.

Ne faudrait-il pas interdire à la femme tout emprunt
d'argent et ne lui maintenir son pouvoir propre d'engager le ménage et le mari, que pour les seuls achats
soit de denrées, soit de vêtements destinés au ménage?
Le mari serait ainsi libéré d'une responsabilité qui,
à notre avis, est trop lourde.

Le mari et la femme, nous le savons, jouissent l'un
comme l'autre de droits successoraux sur le patri-
moine de celui qui prédécède. Il s'agit d'une part
successorale en pleine propriété. Tout en louant cette
disposition de la loi, il convient de souligner que le
droit du conjoint survivant est singulièrement précaire
du fait que le droit siamois ne connaît pas le système

de la réserve. Il peut donc se trouver dépouillé de tous droits par le testament du prédécédé, et il faut le regretter particulièrement pour la femme qui peut se trouver privée de ressources dans et l'impossibilité de gagner sa vie. Il n'est pas même certain qu'elle puisse demander une pension alimentaire à la succession.

Il faudrait donc mettre la femme à l'abri des fantaisies du mari en créant à son profit une réserve ; cela serait d'autant plus nécessaire que les femmes secondaires ne participent pas au régime matrimonial. Si elles sont privées de la portion de la part héréditaire qui leur est allouée par la loi sur la succession du mari, elles se trouvent réduites à leurs seules ressources personnelles, restreintes ou inexistantes, car la position subordonnée de la femme secondaire fait qu'il n'y a que les jeunes filles pauvres pour l'accepter.

Peut-être faut-il regretter aussi que la loi prive la femme de la moitié de sa part successorale lorsqu'elle a été épousée depuis moins de trois ans. Ce délai de trois ans de mariage imposé pour que la femme ait le plein bénéfice des droits attachés à sa qualité d'épouse, est peut être une survivance historique dont le maintien est difficile à justifier.

CONCLUSION

Telle est, dans son ensemble, la situation de la
femme au Siam. Volontairement, nous nous sommes
abstenu d'entrer dans des détails, dont l'énumération
eût été sans intérêt pour le lecteur européen. Nous
avons préféré décrire à grands traits la condition de la
femme dans un pays d'Extrême-Orient, très éloigné du
nôtre, issu d'une civilisation qui n'est point celle de
l'Europe, régi par des principes moraux et religieux
particuliers. Telle qu'elle résulte de ces pages, et réserve faite du principe de la polygamie, elle est certainement meilleure que celle qui lui est faite par beaucoup d'autres législations asiatiques. La femme n'est
point au Siam considérée comme un être faible, dont
l'incapacité nécessite une protection qui ressemble fort
à une servitude. Hors du mariage, elle est pleinement
capable, cette capacité le mariage ne l'annihile pas, elle
subsiste plus intacte que dans bien des législations
européennes où elle subit les rudes atteintes de la puissance maritale.

Certes les textes qui régissent le mariage sont anciens; les principes directeurs manquent, cette *Laxana
Poua Mia* n'est trop souvent qu'une longue énumération d'espèces particulières que l'on a bien de la peine
à grouper et à classer, mais ces vieux textes recèlent
bien des traces d'un état social en voie de disparition.
Cette loi elle-même, usée par la désuétude, sera assez

prochainement remplacée par des dispositions nouvelles, incluses dans le droit familial, et qui feront partie intégrante du nouveau Code civil siamois[1]. Il était donc particulièrement intéressant de jeter un coup d'œil d'ensemble sur toutes ces particularités juridiques destinées à s'effacer dans un avenir très prochain.

Nous avons, en terminant, essayé de montrer que toute la législation du mariage, entendu au sens large, pouvait être sérieusement rajeunie et pénétrée de principes nouveaux, de cet idéal de justice qui doit régler la situation respective des époux. En passant, nous avons montré aussi qu'un souci d'équité à l'égard de la femme inspirait la doctrine et la jurisprudence.

Toute réforme législative dans le droit familial ne peut réussir que si elle s'appuie sur une modification des mœurs, mais tout nous amène à penser qu'elles se transformeront peu à peu avec le temps dans un sens

---

[1] La codification des lois siamoises, entreprise depuis 1908, comporte non pas seulement, comme pourrait le faire croire le mot employé, la réforme de lois déjà existantes, mais l'élaboration de dispositions législatives tout à fait nouvelles, soit pour modifier, soit pour compléter la législation actuelle.

C'est, dans sa forme présente, une œuvre de collaboration franco-siamoise; la Commission qui en est chargée étant composée de Français et de Siamois sous la présidence du Ministre de la justice. Les membres français constituent au sein de cette Commission un Comité, dirigé par l'un d'eux, plus spécialement chargé de la rédaction.

C'est un travail de longue haleine, extrêmement délicat, et, à l'heure actuelle, les quatre cents premiers articles du Code civil concernant les obligations doivent être promulgués. On a commencé cette promulgation par les obligations, car le droit siamois ne possède actuellement aucune loi sur cette matière.

toujours plus favorable sinon à l'égalité de l'homme et de la femme, du moins à l'équivalence de leurs droits respectifs. Peut-être même pouvons-nous espérer que la polygamie disparaîtra elle aussi. Comment les Siamois intellectuels, la classe dirigeante du pays, resteraient-ils sourds aux éloquents appels qui leur ont été adressés? Comment ne se rendraient-ils pas à cette évidence, que la monogamie seule donne à la femme cette dignité à laquelle lui donnent droit ses fonctions d'épouse et de mère?

Dans les quelques vingt ans qui viennent de s'écouler, bien des réformes ont été menées à bien, réformes de tout ordre et de toute nature: judiciaire, administrative, morale même. Ainsi est attestée l'inexactitude de cette théorie qui déclare l'Asie immuable, endormie dans la contemplation de son propre passé.

La réforme des mœurs qui doit conduire à l'abolition législative de la polygamie n'est donc pas impossible, pour un pays qui a au cœur le désir d'avancer toujours dans la voie du progrès. Que faut-il pour mener à bien cette entreprise, sinon un peu de volonté et un peu aussi de cet enthousiasme qui aide à triompher dans les tâches ardues.

Vu : à Grenoble, le 30 Juin 1922,
LE PRÉSIDENT DE LA THÈSE,
L. BALLEYDIER

Vu : à Grenoble, le 30 Juin 1922,
LE DOYEN DE LA FACULTÉ DE DROIT DE GRENOBLE,
L. BALLEYDIER

Vu et permis d'imprimer :
Grenoble, le 30 Juin 1922,
LE RECTEUR, PRÉSIDENT DU CONSEIL DE L'UNIVERSITÉ,
F. DUMAS

BIBLIOGRAPHIE

TEXTES

Recueil des lois siamoises, par le prince Ram.
Codes cambodgiens, par Ad. Leclère-Leroux, 1898.
Lois de Manou, traduites par A. Loiseleur-Deslongchamps.

AUTRES OUVRAGES

Letourneau, *la Condition de la femme dans les diverses races et civilisations*, Paris, 1903.
Morizot-Thibault, *De l'autorité maritale*, Paris, 1899.
Phya Phicharana, *Commentaires sur la Laxana Poua Mia*, Bangkok, 2461 (1918).
Phya Phicharana, *Commentaires sur la Laxana Moradok*, Bangkok, 2461 (1918).
Prince Ram, *Commentaires sur diverses lois*, 1899.
Ram Chitti, « The status of women in Siam », dans la revue *Vidhyacharn*, mai 1918.
Rogvis, *Traité de droit civil comparé*, 1904.
Viollet, *Histoire du droit civil français*, 3ᵉ édition, Paris.

TABLE DES MATIÈRES

Imp. A. REY, 4, rue Gentil, Lyon. — 8057.